财经学术文丛

"十二五"辽宁省重点图书出版规划项目
国家自然科学基金项目（70802024）研究成果

So... on the
Vi... e
Exp... Theory

U0812014

基于政治干预视角的企业社会责任研究

来自新政治经济学理论的解读

黎文靖◎著

东北财经大学出版社
Dongbei University of Finance & Economics Press
大连

图书在版编目（CIP）数据

基于政治干预视角的企业社会责任研究：来自新政治经济学理论的解读 / 黎文靖著．—大连 ：东北财经大学出版社，2013. 6
（财经学术文丛）
ISBN 978-7-5654-1221-9

Ⅰ. 基…　Ⅱ. 黎…　Ⅲ. 企业责任-社会责任-研究-中国　Ⅳ. F279. 2

中国版本图书馆 CIP 数据核字（2013）第 139424 号

东北财经大学出版社出版
（大连市黑石礁尖山街 217 号　邮政编码　116025）
教学支持：（0411）84710309
营 销 部：（0411）84710711
总 编 室：（0411）84710523
网　　址：http：//www. dufep. cn
读者信箱：dufep @ dufe. edu. cn

大连图腾彩色印刷有限公司印刷　　东北财经大学出版社发行

幅面尺寸：148mm×210mm　　字数：153 千字　　印张：6 1/2
2013 年 6 月第 1 版　　2013 年 6 月第 1 次印刷

责任编辑：李智慧　龚小晖　　责任校对：那　欣
孙冰洁　周　晗
封面设计：冀贵收　　版式设计：钟福建

ISBN 978-7-5654-1221-9
定价：24. 00 元

感谢国家自然科学基金项目（批准号：70802024）对本书的出版资助。

作者简介

黎文靖

男，1979 年 7 月生，广东茂名人；暨南大学管理学院会计学系副教授，博士生导师，中欧国际工商学院兼职博士后研究员，广东省“千百十工程”校级培养对象，财政部全国会计领军（后备）人才（学术类）；主要从事资本市场会计与财务研究，研究领域包括企业社会责任、薪酬制度设计与业绩评价、会计信息与公司治理等；主持和参与包括国家自然科学基金在内的多项研究课题，在国际国内一流学术期刊，如 Journal of Business Ethics（SSCI）、Business Strategy and Environment（SSCI）、《经济研究》、《管理世界》、《经济学（季刊）》、《金融研究》、《会计研究》、《财政研究》、《财经研究》、《南开管理评论》、《中国会计评论》等发表论文多篇，部分论文被顶级国际学术会议（美国会计学年会和加拿大会计学年会）接受做分组报告。

摘要

我国由于经济高速增长而带来的生态环境恶化、社会公德缺失、不公现象普遍等一系列的社会问题越来越受到社会各界的关注，2006年“社会主义和谐社会”目标的提出和2012年中共十八大报告强调的公平正义和生态文明建设，使得企业社会责任成为理论界、实务界关注的焦点。本书的研究也基于这样一个制度背景展开。

本书运用新政治经济学中的政治干预与寻租（Rent-seeking）理论，根据我国转轨经济的制度环境，研究政府干预、寻租等重要制度特征对我国企业（尤其是上市公司）社会责任决策、投资、信息披露等方面的影响机理，进而提出基于我国转型经济特征的公司社会责任理论分析框架。本书以社会责任整体水平、公司慈善捐赠、环境绩效等企业社会责任维度为切入点，以上述理论框架为基础，全面研究我国企业的社会责任决策的动机、影响因素和经济后果，从而为现行国际国内经济环境下公司社会责任的政策制定、市场监管、企业决策、公众宣传等提供理论支持和经验证据，甚至对于国民经济的可持续发展，构建和谐社会有所助益。

本书首先分析我国转轨经济下的制度背景，发现来自政府的政治干预是我国转轨经济下企业行为决策的重要制度特征，在研究我国企业行为决策时，应当将这一制度特征考虑在内。政治干预的制度特征会导致企业为了应付政府的压力，谋求更大的利益，从而进行政治寻租。此外，我国政治体制是一种政治锦标赛，这会带给地方政府官员很大的压力，要为了满足上级政府的要求而努力，当上级政府强调和谐社会和企业社会责任时，下级政府会要求辖区企业追求社会责任。最后，法律执行较弱是我国转轨经济的制度特征，表现在我国环境保护有完整的法律体系，但是法律执行较弱，这导致了我国现在较为严峻的环境污染和资源透支的局面。

在政治干预为主要特征的制度环境下，我国的企业社会责任行为不同于西方企业的实践，并非企业一种自发的决策，更多表现为由上至下政府推动的结果，比较符合政治经济会计学的理论框架，可以看做是新兴市场中政府的政治干预下企业进行政治寻租的行为。考虑到不同所有权性质的企业受到的政治压力和干预程度不一样，因此，国有企业和非国有企业在企业社会责任的投资和决策上存在较大的差异。

为了检验本书提出的政治干预理论，本书从社会责任整体水平、公司慈善捐赠和企业环境投资（资本支出）三个方面进行了实证检验，基本的逻辑思路是：我国上市公司的社会责任决策，例如整体水平、慈善捐赠和环境投资，究竟是由政府的政治压力驱动的还是由经济利益等因素所驱动，并且考察社会责任水平与企业价值的关系，并解释其中的影响机制与途径。

基于企业社会责任整体水平的实证结果如下：采用来自于我国制造业上市公司 2007 年的数据、所有行业上市公司 2008、2009 年的数据，本书发现：第一，控制了文献中所归纳的影响企业社会责任的公司特征后，在国有企业样本中第一大股东的控制权与公司社会责任水平正相关，意味着在转轨经济的新兴市场中政治干预理论更能够解释企业社会责任实践，而相反的，非国有企业中第一大股东控制权与公司社会责任水平负相关；第二，公司规模、盈利能力、员工规模、债务水平和托宾 Q 值影响了企业社会责任的决策和水平；第三，在控制了影响企业业绩的变量后，本书发现公司社会责任水平与企业会计业绩正相关（尤其是在非国有企业中），而与企业市场业绩负相关（尤其是在国有企业中）。上述结果表明，在新兴市场环境中，所有权类型或者政治干预可能是影响企业社会责任和企业业绩之间关系的一个重要的制度变量，应当纳入分析框架中。

基于公司慈善捐赠的实证结果表明国有企业、有政治关联的企业更倾向于进行慈善捐赠，并且捐赠金额更大。我们同样发现与中央政府控制的国有企业相比，地方政府控制的国有企业更倾向于进行慈善捐赠，并且捐赠金额更大。上述结果与研究我国重大灾难，如 2008 年的汶川地震时公司捐赠所发现的结果并不一致（Zhang et al.，2009）。此外，实证结果表明资源约束理论和行业竞争理论均无法解释我国上市公司的慈善捐赠行为。从经济后果的分析来看，我们发现公司慈善捐赠和未来业绩之间存在正相关关系，但慈善捐赠对于公司未来的销售收入增长没有影响。进一步的分析表明公司通过慈善捐赠，能够获得更多的政府控制的关键资源，例如银行贷款和政府补贴等，这支持了政治商誉理论。

基于企业环境投资的实证结果发现，与非国有企业相比，国有企业更倾向于进行环境资本支出投资；在国有企业中，第一大股东持股比例越大，企业越倾向于增加环境资本支出，而非国有企业中第一大股东持股比例与企业环境资本支出没有显著的关系；与以前年度相比，2006 年以后非国有企业倾向于加大环境资本投资，而国有企业没有显著的变化。进一步的分析指出，国有企业的环境资本支出与托宾 Q 值呈显著的负相关关系，而非国有企业的环境资本支出与托宾 Q 值无显著关系。总体而言，我们所提供的经验证据表明影响我国企业环境资本投资的最为重要因素是政府的态度以及由此产生的政治压力，值得注意的是，我们应当区别政府的政治压力与法律压力的差异。

从社会责任整体水平、慈善捐赠和企业环境投资三个角度的实证结果都表明，政府的政治干预程度和政治压力是影响我国企业社会责任水平和决策的最为重要的因素，政治经济会计学下的政治干预理论是解释我国企业社会责任比较恰当的理论。

前言

本书运用新政治经济学中的政治干预与寻租（Rent-seeking）理论，根据我国转轨经济的制度环境，研究政府干预、寻租等重要制度特征对我国企业（尤其是上市公司）社会责任决策、投资、信息披露等方面的影响机理，进而提出基于我国转型经济特征的公司社会责任理论分析框架。本书选择社会责任整体水平、公司慈善捐赠、环境绩效等企业社会责任维度为切入点，以上述理论框架为基础，全面研究我国企业的社会责任决策的动机、影响因素和经济后果，从而为现行国际国内经济环境下公司社会责任的政策制定、市场监管、企业决策、公众宣传等提供理论支持和经验证据，甚至对于国民经济的可持续发展，构建和谐社会有所助益。现将本书的研究动机与研究意义、研究目标、拟解决的关键问题、创新之处、研究方法、研究框架与技术路线等介绍如下：

一、研究动机与研究意义

我国改革开放 30 多年来，经济保持接近 10% 的速度增长，GDP 从 1978 年的2 683亿美元增长到 2010 年的 58 791 亿美元，位居世界第二，取得举世瞩目的巨大成就。但我国过去的经济增长模式以粗放式为主，即通过投入资源的增加来推动经济的发展，靠牺牲资源和环境以及低成本的人力优势，来谋取 GDP 的高增长。经济高速增长同时也带来了生态环境破坏、自然资源透支、社会公德缺失、价值体系混乱等一系列社会问题，由此形成的环境污染、食品安全、金钱至上、贫富分化等现象已经开始影响到经济的可持续发展和社会的不断进步。

以影响最为重要的环境问题为例，国家环境保护部副部长潘岳表示，中国环境状况“局部好转、总体恶化”的态势未变，环境形势依然严峻。《国家环境保护“十一五”规划中期评估报告》也称，“我国环境保护工作取得积极成效，但环境污染总体尚未得到遏制，环境监管能力依然滞后，形势依然严峻”。由美国耶鲁大学环境法律与政策中心、哥伦比亚大学国际地球科学资讯网络（Center for International Earth Science Information Network，CIESIN），以及世界经济论坛所合作发布的环境绩效指数（Environmental Performance Index，EPI）显示，在全球132个国家中，我国2000—2010年的环境绩效在108～116名之间徘徊（见表1），并且呈现逐年下降的趋势，这与潘岳副部长提到的中国环境状况“局部好转、总体恶化”的态势相吻合。

表1　**2000—2010 年我国环境绩效指数及排名**

年度	2000	2001	2002	2003	2004	2005	2006	2007	2008	2009	2010
EPI	41.24	42.57	42.97	42.50	42.04	41.92	41.87	41.87	42.06	42.24	42.24
排名	111	108	108	112	113	114	114	116	115	116	116

食品安全是环境污染之外的又一严重问题。根据全球民意调查机构盖洛普发布的“2010 年全球幸福度调查”数据，在民调涉及的124个国家当中，中国人的幸福度排名第92位。88%接受调查的中国人认为自己的生活远离“美满幸福”的标准，其中生活成本和房价上涨、社会保障体系不健全、让人不安的食品安全是导致民众幸福指数较低的主要原因①。从三聚氰胺到地沟油，再到毒胶囊和塑化剂等，这一系列引起重大社会影响的事件都不断地提醒民众我国（大陆）食品安全问题的严重性，民众对于食品安全的态度早已变得无奈，食品安全问题已然成为国人心中挥之不去的梦魇。

目前受到民众普遍关注的社会问题还包括收入分配差距扩大、

① 常东亮．关于食品安全问题的理性思考［J/OL］．中国经济报告，2011（7）．［2011-07-28］．http：//finance. sina. com. cn/review/hgds/20110728/170710224005. shtml.

贫富分化严重等现象。改革开放30多年以来，虽然经济迅速腾飞，但我国收入分配差距却日益悬殊。目前，我国收入最高10%群体和收入最低10%群体的收入差距，从1988年的7.3倍已经上升到23倍，行业差距达到8倍，地域差距近3倍①。2012年5月29日，依据国家统计局公布的2011年全国职工平均工资，其中城镇私营单位就业人员年平均工资为24 556元，而非私营单位在岗职工年平均工资为42 452元，从数据上看私营企业收入远低于非私营企业。行业的分析表明，非私营单位金融业的平均工资最高，达9万元以上，最低的农、林、牧、渔业每年收入只有2万元左右，两者相差4倍多；私营单位中，信息传输、计算机服务和软件业的平均工资最高，达35 562元，最低的公共管理和社会组织每年收入只有1万元出头，两者之比为3.03 ∶ 1。如果用非私营单位金融业的平均工资与私营单位的公共管理和社会组织相比，两者差距超8倍。从地区比较来分析，城镇非私营单位在岗职工年平均工资由高到低排列是东部、西部、中部和东北，分别为48 493元、37 923元、36 558元和36 000元；而城镇私营单位就业人员年平均工资由高到低依次是东部、西部、东北和中部，分别为26 800元、22 313元、22 020元和20 677元。数据表明地区间的收入分配差距仍然较大。

我国生态环境恶化、社会公德缺失、不公现象普遍等一系列的社会问题，已经在一定程度上影响到国民对未来的信心。2011年10月29日胡润联合中国银行私人银行发布的《2011中国私人财富管理白皮书》显示，14%的千万富豪目前已移民或者在申请移民当中，还有近一半在考虑移民②。招商银行和贝恩顾问的《2011年

① 该段主要统计数据来源于人民网的新闻报道，请参见《我国居民收入差距数十倍 行业、区域方面表现突出》（http://politics.people.com.cn/n/2012/1023/c1001-19352501.html）。

② 2011年5月至9月，胡润研究院与中国银行私人银行面对面访问了全国18个重点城市的千万级别以上的高净值人群，调研共获得980份有效问卷，受访人群的平均财富达到6 000万元以上，平均年龄42岁。白皮书以上述调查数据为基础。资料来源于凤凰网财经新闻板块。

中国私人财富报告》给出了近似和更精确的数据：当前中国高净值人士的数量是50万人，人均拥有可投资资产3 000万元人民币，加在一起的可投资资产是15万亿元人民币，相当于GDP总量的三分之一。个人资产超过一个亿的大陆企业家中，有27%已经移民了，还有47%正在考虑移民，加在一起，就是有74%的人已经移民或正在考虑移民①。对于这些富豪和精英为何热衷于移民，吴晓波认为有三个理由：高品质的生活、子女教育和财富的安全感。后两条理由涉及我国的教育制度和政治体制，与本书主题关系不那么密切，在此不做深入讨论。对于掌握财富的精英而言，高品质的生活不会出现在一个环境污染、食品安全无法保障的国度内，因此，移民成为必然的选择。此外，具备技术与能力的高端人才，如果在一个社会里总是感觉到不公平，有能力和选择的话，他们也会想办法离开这个社会。很显然，掌握财富的精英和掌握技术的高端人才的大量流失，导致资本、技术、人才的外流，一定会对我国经济的可持续发展和社会的和谐进步带来非常负面的影响。所以说，这些有关社会伦理、道德、责任的现象与问题，已经成为影响我国未来发展的重要因素，对上述问题进行研究与分析有重要的现实意义。

虽然面临的形势非常严峻，但政府部门已经开始重视上述这些问题，政府的执政思路也开始发生变化，从以前的单纯追求经济增长速度过渡为追求可持续发展，即经济增长质量。标志性的政策是“构建社会主义和谐社会”目标的确立。2004年9月，中共中央十六届四中全会《中共中央关于加强党的执政能力建设的决定》首次完整提出“构建社会主义和谐社会”的概念，将其正式列为中国共产党全面提高执政能力的五大能力之一。2006年10月，中共中央十六届六中全会审议通过了《中共中央关于构建社会主义和

① 吴晓波．中国人为什么要移民到海外？［EB/OL］．［2011-12-16］．http：//finance. qq. com/a/20111216/001332. htm.

谐社会若干重大问题的决定》，明确了2020年构建社会主义和谐社会的目标和主要任务，至此，构建社会主义和谐社会成为中国共产党和中央政府的重要的、具有战略意义的执政政策。

从社会主义和谐社会目标的内容来看，旨在解决国民经济增长和社会发展中存在的诸多问题，如目标中所谈到的“社会主义民主法制更加完善，依法治国基本方略得到全面落实，人民的权益得到切实尊重和保障”，是为了解决社会所存在的机遇不平等和贫富分化问题；“全民族的思想道德素质、科学文化素质和健康素质明显提高，良好道德风尚、和谐人际关系进一步形成”的目标，针对目前社会中道德水平低下、食品安全等问题；而“资源利用效率显著提高，生态环境明显好转”的目标则与环境保护和可持续发展方面的要求密切相关等。2012年11月召开的十八大，其报告中也提出“必须坚持维护社会公平正义”、“必须坚持走共同富裕道路”、“大力推进生态文明建设”等要求，这都反映了社会和谐成为当前时期的主旋律。由此可见，和谐社会和可持续发展是我国政府最为重要的政策方针之一，本书基于当前我国政治环境和经济制度，从企业微观角度研究我国经济和社会可持续发展的影响因素和经济后果，有着重要的政策意义。

学术界很早就已经注意到可持续发展等问题，并且进行了大量的研究，而从企业微观层面进行的相关研究则是公司社会责任研究。从20世纪60年代起，公司社会责任研究逐渐成为重要的研究领域。沈洪涛、沈艺峰（2007）对西方公司社会责任思想的起源与演变做了回顾与述评，20世纪60年代主要集中在企业社会责任的定义上；20世纪70年代关注企业社会责任具体的内涵，但研究的中心已经转移到其他概念上，如企业社会责任回应（Corporate Social Responsiveness）和企业社会绩效（Corporate Social Performance）；20世纪80年代研究的中心是企业社会绩效，以及企业社会绩效和企业财务绩效关系的研究；20世纪90年代是关于利益相关者理论（Stakeholder）、企业伦理理论（Business Ethics）等研究；进入 21 世纪，企业公民理论（Corporate Citizenship）成为公司社会责任思想的主流。以这些思想为基础，形成了丰富的理论探讨与实证研究。企业社会责任作为一个研究领域，其内涵已经从经济责任发展到伦理责任、法律责任、环境责任等多元化社会责任，成为一个备受关注的研究话题和实践活动。

我国的公司社会责任研究方兴未艾，已有很多学者关注这一重要研究领域，从理论基础、评价体系、责任计量、价值影响等方面做了初步探索，但一个重要的、可能的缺陷在于：现有研究绝大部分直接沿用西方成熟市场环境中的已有理论成果，如利益相关者理论（陈宏辉、贾生华，2003；张兆国等，2009）、可持续发展理论（许正良、刘娜，2008）等，缺乏深入分析我国转轨经济特征基础上，构建符合新兴市场制度特征的理论框架，并在此框架下开展深入的理论探索和实证检验。考虑到发达国家与发展中国家在文化、伦理道德形成和决策行为等方面的差异（Ge and Thomas，2007；Lam et al.，2008），导致两者在公司社会责任的理论解释、影响因素和经济后果等方面存在重大差异，我国的公司社会责任研究不应忽略这些差异的影响。并且现有文献也认为应该多关注新兴市场国家的法律、经济、文化、伦理等方面的差异对于公司社会责任的影响（Amato and Amato，2007；Muller and Whiteman 2009）。

此外，我国的政治与经济制度明显区别于西方发达国家。我国目前仍然处于经济转轨过程，充分竞争的市场经济制度还未完全建立，大多数资源与价格仍处于强制性的计划管理之下，许多领域与行业尚属于严格的申报、审批约束之下，并且有许多限制性的领域尚未打破自由进出的门槛，现行的政治体制和经济体制决定了政府仍然是我国经济活动和社会生活的主导力量，强大的政府干预的力量让经济的运行并不服从于经济必然规律本身，而是服从于政治决策的周期性。总体而言，目前现有文献（包括西方公司社会责任文献与国内研究）仍缺乏针对以中国为代表的新兴市场的公司社会理论与实证研究，特别是缺乏考察政府干预、政治寻租等转轨经济制度特征对公司社会责任决策、经济后果等方面的影响，尚未形成一个适用于中国等新兴市场制度环境的公司社会责任理论框架。本书结合政治干预、寻租等方面的制度特征，对我国的公司社会责任理论分析与实证检验进行全面研究具有重要的理论意义。

二、研究目标

基于上述的研究意义分析，本书拟研究企业进行公司社会责任决策的动机与经济后果，即分析企业在我国转轨经济的制度背景下进行社会责任投资的经济动机与非经济动机，企业的社会责任水平对企业财务政策与经营战略的影响以及对企业价值的影响。进一步，本书将区分不同的产权结构、政治关联等因素对比分析不同政治干预程度下企业进行社会责任投资动机和经济后果的差异，并且本书将深入考察企业社会责任不同维度之间的相互影响机理，具体目标如下：

第一，从财务状况等经济因素和制度环境等非经济因素角度考察企业进行社会责任决策和投资的影响因素；

第二，分析企业社会责任水平和投资对于企业融资政策和投资政策的影响，比较产权结构和政治关联是否会显著地加强或削弱上述关系；

第三，研究企业社会责任水平和投资对于企业价值影响的作用机制与途径，对比不同政治压力下企业社会责任对企业价值的影响，并在实证中控制以往研究忽略的样本选择偏差与内生性问题；

第四，综合分析企业社会责任各个维度之间的作用机制，譬如企业环境投资与慈善捐赠等，检验社会责任各维度作为缓解政治压力、降低政治成本的工具方面是互补关系还是替代关系；

第五，在政治干预的理论框架下分析企业社会责任水平与社会责任信息披露之间的关系，检验自愿披露理论与社会政治理论对于我国社会责任信息披露关系的适用性。

三、拟解决的关键问题

本书并非简单地重复西方关于社会责任的已有研究，而是通过结合我国转轨经济下的制度特征，考察我国企业社会责任决策与水平的影响因素及其经济后果，在研究的过程中需要解决以下关键问题。

（一）政治干预的定义问题

政治干预是本书的理论基础，如何定义它是我们需要关心的核心问题。本书试图借鉴政治经济学、公司财务学和会计学等领域已有研究，从不同维度构建勾勒企业所承受的政治干预程度的实验变量，主要包括以下几个方面：一是所有权类型变量，我们可以预期国有企业比非国有企业有更高的政治干预，进一步分析国有企业样本中，地方政府控制的企业比中央政府控制的企业有更强的政治干预；二是所有权结构变量，如第一大股东持股比例、前十大股东制衡度等，我们可以预期国有企业第一大股东持股比例越高、国有股比例越高、前十大股东制衡度越弱的企业，受到的政治干预程度越高；三是企业政治联系变量，如董事长、总经理的政治背景等，我们预期，有政治关联的企业比没有政治关联的企业受到的政治干预程度更高；四是制度环境变量，如政府干预指数、地区 GDP 增长等，我们预期处于经济比较落后、政府干预比较严重地区的企业，会受到更多的政治干预。

（二）企业社会责任的定义和数据收集

从下一章的文献回顾可以看出，目前困扰我国企业社会责任研究的一个重要的问题是关于社会责任的定义与数据获取。目前文献中关于社会责任水平和信息披露的很多数据，绝大部分是由作者自己定义的，并无统一的标准。参考现有文献，根据本书的研究需要，本书主要通过以下几种方式定义企业社会责任。

在研究社会责任整体水平时，本书采用了上海国家会计学院

2008 年 12 月发布的上市公司社会责任指数来衡量上市公司的整体社会责任水平，并考察政治干预与企业社会责任之间的关系。因为上海国家会计学院仅发布了一年的数据，因此关于社会责任整体水平的研究样本也仅有一年。

考虑到公司慈善捐赠是企业社会责任的一个重要维度，本书将对此进行深入的研究与讨论。由于公司在年报中会披露当年的慈善捐赠数据，我们在公司年报中“营业外支出”的附注中收集公司慈善捐赠的金额，样本的时间跨度为 2001—2010 年度。

目前我国尚无法规要求企业遵循标准的格式进行环境绩效、环境投资与环境信息方面的披露，所以相关的数据库并不存在，并且数据散见于年报和其他报告（如社会责任报告）当中。为了解决这一问题，作者通过组织研究助理，对我国上市公司环境敏感的 8 个行业所有上市公司，从其 2001—2010 年报中搜集相关的环境信息。我们从“在建工程”附注中的借方投入去搜集企业环境投资的数据，并以此作为本书研究企业环境绩效的数据支持。

（三）企业环境决策对公司价值的影响机制和途径分析

本书不仅要检验企业社会责任对于公司价值的影响，还必须分析其中的影响机制与途径。从文献来看，影响途径有很多，包括增加公司销售收入、刺激创新、提升员工士气、改善顾客关系等。从理论分析来看，我国企业还可以通过响应政府号召，增加社会责任方面的投入以获取政府控制的政策性资源，从而提升公司价值，例如贷款、政府补贴、行业准入等等。现有文献所发现的这些途径集中于企业的经济动机追求上，而本书理论所预期的这些途径，更关注企业的政治关系的维护。

影响机制比较多，在单一的研究设计中无法涵盖所有途径的检验。本书结合制度环境特征，针对不同企业社会责任维度（社会责任整体水平、慈善捐赠、企业环境绩效等），对企业社会责任影响公司价值可能的途径进行检验，确定发挥作用的机制，验证本书构建的理论框架。

（四）样本选择偏差与内生性问题

根据下一章的文献综述可以知道，目前文献中大部分研究的样本偏小，不同研究对样本的选取带有强烈的主观性，容易得到不同的结论与证据。为了缓解样本选择偏差，作者通过对于上市公司的企业社会责任变量进行一个长时期的大样本数据收集（2001—2010年，共10年的数据），可以一定程度上避免样本选择偏差的影响。

文献回顾还表明很多研究缺乏对内生性问题的考虑，而企业社会责任与企业特征之间是相互影响的，存在内生性问题。本书在进行实证检验过程中，将通过利用变化模型（Change Model）、两阶段回归等方法控制内生性问题，缓解其对结果的影响。

四、创新之处

本书的特色与创新之处在于结合中国转轨经济的制度特征，从新政治经济学的政治干预与寻租理论出发，构建我国企业社会责任理论，并在此基础上全面考察了我国企业社会责任的影响因素，深入分析企业社会责任与公司价值之间的作用机理与影响途径。在研究中我们控制了现有文献的一些研究方法上的局限性，如样本选择偏差和内生性问题等。

（一）中国转轨经济背景下的企业环境决策理论的构建

目前关于公司社会责任的研究理论，绝大部分都是基于西方发达市场环境下的，国内现有研究绝大部分直接沿用西方成熟市场环境中的已有理论成果，如利益相关者理论、可持续发展理论等，缺乏适应于新兴市场的、内在逻辑统一的公司社会责任理论框架。本书从我国具有转型经济特征的政治、经济、文化制度环境出发，构建政府干预与寻租下的公司环境决策理论，为该领域后续的实证检验提供理论基础与检验假说。

（二）全面考察了我国企业社会责任水平与投资的影响因素

目前关于我国企业社会责任研究文献方兴未艾，很多研究针对社会责任的某一维度的影响因素进行了考察与分析，但一个整体且全面的考察仍不多见。本书综合现有文献的结论，并结合项目所发展的政治干预和寻租理论，用以考察我国企业社会责任的影响因素，尤其是对其中的经济因素、政治因素和制度因素进行全面的检验。

（三）全面探讨了我国企业社会责任的经济后果，并进一步考察其影响机制

本书不仅对企业社会责任的经济后果进行分析，更重要的是我们将归纳目前文献中企业社会责任影响公司业绩的机制与途径，并结合项目所构建的理论，进一步分析我国企业社会责任影响公司价值的机理与途径。我们将机制和途径划分为两类：经济性的渠道，包括公司销售收入增加、研发费用增多、企业声誉提升等；政治性的渠道，如政府所控制的政策性资源，包括贷款、政府补贴、行业准入等等，此外还包括政策性负担等。本书对所有可能的途径进行检验，但偏重于后一种情况的检验与分析。

（四）在研究中控制了现有文献中的研究方法上的缺陷

目前文献中大部分研究的样本偏小，不同研究对样本的选取带有强烈的主观性，很容易产生样本选择误差（Sample Sselection Bias）。为了控制样本选择误差，本书通过企业慈善捐赠和环境绩效两个数据，对上市公司进行一个长时期的大样本数据收集（2001—2010 年，共 10 年的数据），可以一定程度上缓解这一问题的影响。

很多研究缺乏对内生性问题的考虑，而环境绩效、经济绩效与环境信息披露三者是共同决定的，存在内生性问题。本书在进行实证检验过程中，将通过利用变化模型（Change Model）、两阶段回归等方法控制内生性问题，缓解其对结果的影响。

五、研究方法

本书采用定性研究与定量研究相结合的方法，在文献归纳整理

的基础上，建立理论模型进行实证分析，主要采用档案数据分析方法（Archival Research）。

（一）定性研究

定性研究的目的是通过对文献的梳理来建立研究模型，提出理论假设。本书将根据 Jones（1999）和 See（2009）提供的社会责任理论分析框架，结合我国的制度特征，梳理本书的理论、假说、观点和实证证据，并作为定量分析的基础。

（二）定量研究

我们将主要基于商业数据库和手工收集的数据库进行实证分析。研究中所采用的统计方法包括单变量统计检验、Probit 模型、OLS 回归模型、Treatment Effect 回归模型（Imbens and Angrist，1994）。为了考虑序列相关问题，我们还采用 Petersen（2009）、Gow et al.（2010）推荐的聚类（Cluster）回归方法。Petersen（2009）、Gow et al.（2010）的检验结果表明，采用 Cluster 回归所得的研究结论更为稳健。

六、研究框架与技术路线

根据国外公司环境决策研究所关注的问题，结合我国转轨经济的特殊制度特征，本书将关注我国公司社会责任的理论推演和实证分析。结合中国转轨经济的制度特征，如政府干预、腐败、寻租等，构建我国企业社会责任理论框架，本书拟回答以下问题：第一，我国企业进行社会责任投资的动机是什么，利己的经济动机还是利他的慈善动机？第二，我国转轨时期有什么特殊的政治、经济、文化制度特征，以及这些特征是如何影响企业的社会责任水平的？第三，企业社会责任投资会有什么样的经济后果，并且通过怎样的途径来影响公司价值？本书拟选取一个较长时期的数据（2001—2010 年，共计 10 年的数据），对上述问题进行逻辑一致性的实证检验，以准确地界定我国公司社会责任投资的动机和经济后果，包括各要素之间相互作用机理以及影响企业价值的途径。具体的研究框架和研究过程如图 1 所示。

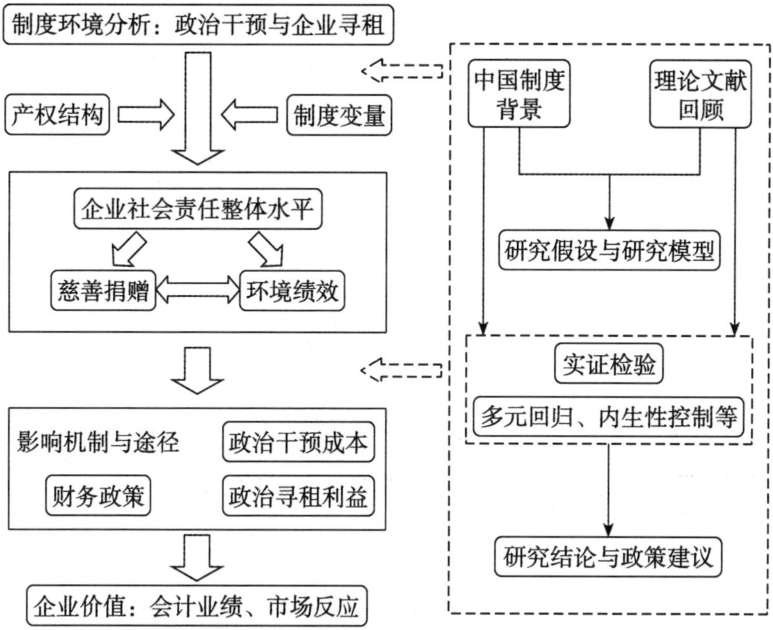

图 1　本书的研究框架和研究过程

本书总体的技术路线是在文献研究和制度环境分析的基础上明确概念和方法，构建符合我国转轨经济制度背景的理论，并由此进行理论推导和提出假设，在此基础上通过实证检验模型进行统计检验，然后进行综合分析并得出结论，据此提出政策建议，最终形成严谨的学术研究专著。第一步对社会责任的理论和实证研究文献进行评述，将研究重点确定在我国公司社会责任的动机、影响因素和经济后果上；第二步对中国的制度进行分析，归纳与凝练我国转轨经济的特殊制度基础，此外还将分析中国和美国资本市场制度环境的差异；第三步是理论分析，在制度分析的基础上，结合政府的政策导向，构建符合我国转轨经济的公司社会责任理论框架；第四步是实证检验，选取社会责任总体水平、慈善捐赠、环境绩效为研究事件，对社会责任的影响因素和经济后果进行分析，得出相关经验证据；最后是研究结论和形成相应的政策建议。本书的技术路线如图 2 所示。

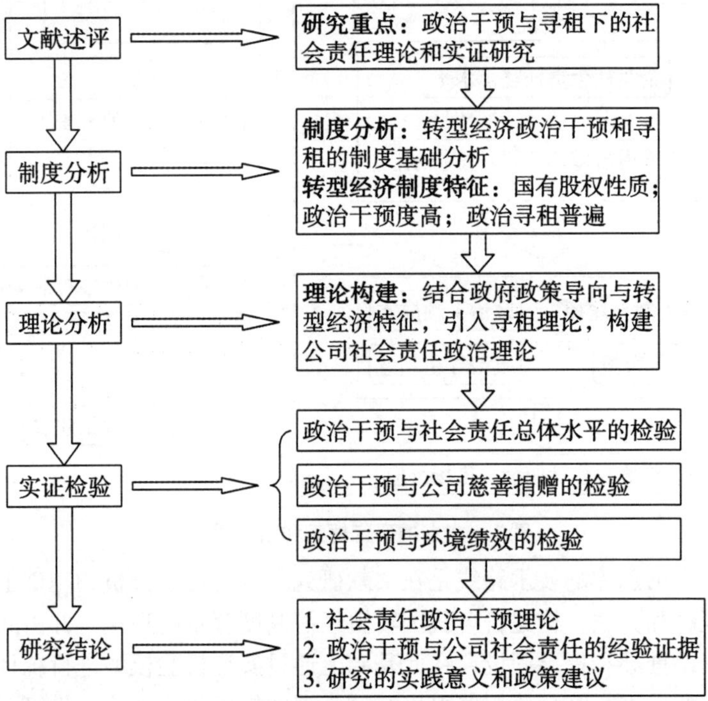

图2　本书的技术路线

作　者

2013 年 4 月

目　录

1 文献述评：现状与研究机会

企业社会责任从20世纪60年代开始受到学术界的关注，半个世纪以来的发展，企业社会责任成为西方学术界的一个重要的研究领域，研究企业社会责任的文献浩如烟海，本书在此也难以一一穷尽。而企业社会责任研究直到20世纪90年代才开始进入我国，但由于中国90年代正是全力进行经济建设的高速发展时期，企业社会责任并没有受到重视。直到2005年以后，当环境问题和社会公平问题引起政府和社会各界的关注时，有关我国的企业社会责任研究才慢慢开始并发展起来。总体来说，相比西方文献的研究，有关我国企业社会责任的研究目前正处于兴起的阶段，企业社会责任仍属于一个不算非常主流的研究领域，相关的研究成果也不够丰富，并且研究方法和研究结论上仍存在较大改进的空间。

本书在回顾相关研究文献时，大体上是按照企业社会责任的维度这一逻辑主线进行展开。企业社会责任有很多维度，除了整体的社会责任水平外，还包括慈善捐赠、环境绩效和环保投入、信息披露等，每个方面都有丰富的研究成果，基本上囊括了企业社会责任研究领域的范围。因此，这也是本书文献回顾的逻辑框架。本章分为三节，第一节讨论国外相关研究现状，第二节回顾国内研究企业社会责任的文献，第三节在前两节的基础上，对现有文献进行综述，并指出本书的研究机会。

1.1 国外相关研究现状

自1953年Bowen在《商人的社会责任》首次明确公司社会责任（Corporate Social Responsibility，CSR）的概念以来，公司社会责任融入了各种思想、概念和技术，但同时也引来了各种争论。随着经济的发展以及伴随经济发展而产生的一系列社会问题，社会责任思想的影响不断扩大，相关的学术研究也日益丰富。大体而言，国外研究成果主要可以分为两大部分：一部分专注于公司社会责任规范理论的研究，主要探讨什么理论能够为公司社会责任提供研究基础；另一部分则集中于社会责任的实证研究，主要分析公司社会责任的计量、影响因素、经济后果等。根据本项目研究需要，拟从理论基础和实证检验两个方面分别对社会责任相关研究进行述评，并且对实证研究再具体细分为社会责任总体研究、环境绩效与投入、慈善捐赠与社会责任信息披露等几个方面进行逐一归纳。

1.1.1 公司社会责任的理论基础

沈洪涛、沈艺峰（2007）对公司社会责任的思想与理论演进进行了归纳与述评，他们认为国外社会责任的理论基础经历了新古典经济理论、合法性理论、利益相关者理论、公司公民理论这样一个过程的演进。下文的讨论，更多地参照了沈洪涛、沈艺峰（2007）和沈洪涛（2010）的研究。

新古典经济理论以利润最大化为原则，崇尚自由经济，极力反对公司社会责任。其中，Friedman（1962）明确指出："企业有一个并且只有一个社会责任——使用它的资源，按照游戏的规则，从事增加利润的活动……如果企业管理者接受这种（广泛的）社会责任的观念，而不是尽可能地为股东创造价值的话，那就几乎没有什么倾向能如此彻底地破坏我们这个自由社会的基础了。这种观点基本上是一种败坏社会的信条。”Friedman（1970）在《企业社会责任》一文结尾处再次重申了他的思想：“公司社会责任就是尽可能地赚钱。”在这里实际上新古典经济学本质上拒绝承认社会责任，认为企业的唯一的责任就是经济责任，他甚至将社会责任思想称为“根本上有颠覆性学说”。但是新古典经济学以所有的行动是由去道德化的短期自利性所驱动为核心假设，这不仅与现实世界相距甚远，同时也难以进行验证与分析。Gray（2002）巧妙地借用了新古典经济学中自由资本主义的名言“没有免费的午餐”，说明自由资本主义让我们付出了环境恶化、社会不公等“高昂到难以承受的代价”。因此，新古典经济学是理论的起点，但其无法为公司社会责任提供合适的理论框架。

合法性理论是一个关于企业和社会系统定位的理论，源自政治经济学，它认为社会政治和经济是不可分割的，离开了政治、社会和制度框架，经济问题就不能被有意义地研究。Ramanathan（1976）认为社会责任会计的目标之一就是“决定公司那些直接影响资源以及个人、社区、社会各部分权力的战略和实践，是否一方面与广泛认同的社会重点相一致，另一方面与公司的合法性目标相一致”。无论是发生合法性危机后的事后补救还是树立良好社会形象的主动预防，社会责任和环境信息披露都是公司合法性管理的一种方式。甚至有学者认为，合法性就是一种披露（Deegan et al.，2000）。Lindblom（1994）将合法性理论系统地运用于公司社会责任研究，在区分了合法性（Legitimacy）状态和合法化（Legitimation）过程的基础上，描述了公司可能采用的四种战略。Lindblom（1994）的描述部分体现了股东之外的相关利益者的利益所在，但更多的是相关利益者管理，仍然以股东利益作为企业的最终目标与方向。因此合法性理论仍然没有局限在股东至上的框架内，仅能为社会责任提供最低要求的理论基础，无法全面、清晰地描述公司社会责任的本质。

利益相关者理论认为任何一个公司的发展都离不开各种利益相关者的投入或参与，企业追求的是利益相关者的整体利益，而不仅仅是某个主体的利益。这些利益相关者包括企业的股东、债权人、雇员、消费者、供应商等交易伙伴，也包括政府部门、本地居民、当地社区、媒体、环境保护主义者等压力集团，甚至还包括自然环境、人类后代、非人物种等受到企业经营活动直接或间接影响的客体（Freeman，1984；Mitchell et al.，1997）。利益相关者理论否定了公司是由持有公司普通股的个人和机构“所有”的传统观念，这样作为保护其他利益方的社会责任则成为企业正常经营行为的重要组成。20 世纪 90 年代，公司社会责任和利益相关者理论出现了全面结合的趋势，利益相关者理论成为公司社会责任的主流理论解释与分析框架。Wood（1991）首次在理论研究上将相关利益者理论放入广义公司社会责任里，他提出“Freeman 的相关观点可以回答企业应该为谁承担责任的问题”，二者的结合为公司社会责任的研究提供了理论依据；Clarkson（1991）提出，公司社会责任可以从相关利益者管理模型的角度加以定义，它必须包括盈利和伦理这两个方面，即经济责任和伦理责任。Wood and Jones（1995）认为在相关利益者视角下公司应该为相关利益者承担责任，从而利益相关者理论对于公司社会责任的解释主要是从利益相关者的角度出发。

公司公民理论在 20 世纪末兴起，其中核心概念是公民权。20 世纪 90 年代，许多举足轻重的公司都采用了公司公民的概念，学术界也逐步关注对公司公民的研究，并形成了三类观点：第一类为公司公民的局部观，Epstein（1989）明确指出“事实上，通过长期的经济或非经济的贡献来改进社区居民的福利的‘好公民’，一直被认为是有社会责任感的公司的典范”。这一类学者无法走出公司社会责任思想已有的概念和框架，将公司公民只看做公司社会责任的一个部分。第二类称为公司公民等同观，这一类学者认为公司公民并不仅仅指公司与社区之间的关系，还包括其他重要的利益相关者的关系，将公司公民等同于原有的公司社会责任概念。如 Caroll（1998）提出公司公民的“四面说”，即公司公民和个人公民一样，应负起经济面、法律面、道德面和慈善面四种责任，每种责任就是一个面。第三类称为公司公民延伸观，Valor（2005）指出公司公民这个概念应该比公司社会责任有更加积极的涵义。Waddock（2004）通过追溯公司社会责任的概念，认为公司公民体现在公司与利益相关者及自然环境的关系及对实践的影响，公司公民是社会责任和利益相关者理论的结合。这一类学者将公司公民看作对公司社会责任概念的超越。此外，对公司公民概念的核心和本质——公民权，研究者也给出了三种不同的答案：公司是公民（Logsdon and Wood，2002）、公司像公民（Moon et al.，2005）、公司管理公民（Matten et al.，2005）。公司公民在真正实施前还必须解决一些问题，如提高公司透明度、责任感，通过社会审计增加披露等等，而且对公司公民的定位也有待讨论。

从以上理论的发展历程可以看出：西方关于社会责任理论思想的研究在不断地争论与发展中，已经形成了相当成熟的体系，虽然与主流企业理论在企业社会责任问题上存在着根本的分歧，但是利益相关者研究在不断的完善和发展中被逐渐认可，已经成为社会责任思想中的主流，同时基于公民权的公司公民理论也日益受到关注。文献综述表明，公司社会责任的理论演进，与西方发达国家的经济发展、社会进步和环境变迁密切相关，尤其离不开西方社会的公民意识的进步和伦理体系的建立。而新兴市场由于经济处于发展的初级阶段，社会的重心更多地偏向经济增长，一定程度上会降低社会的公民意识与道德水平，如我国 30 多年来的改革开放创造了经济增长的奇迹，但社会的伦理道德水平的下降已成为共识。考虑到以中国为代表的新兴市场与西方发达国家在公民意识、道德伦理、制度环境、文化传统等方面的差异，西方的公司社会责任理论并不能完全适应我国的国情，我国的公司社会责任研究应考虑上述差异，发展出适合当前制度环境和伦理水平的理论框架。

1.1.2 公司社会责任整体水平的影响因素及经济后果

从 Moskowitz（1972）和 Vance（1975）的研究开始，公司社会责任与公司财务业绩之间关系的实证检验就成为公司社会责任领域的重要内容之一，是公司社会责任最为重要的经济后果。Griffin and Mahon（1997）统计了 1972—1994 年的 51 篇学术论文对于公司社会责任与财务业绩关系的研究结论，其中 33 篇发现正相关关系，19 篇论文报告了负相关的证据，还有 9 篇文章发现两者没有显著的相关关系。Roman et al.（1999）对 Griffin and Mahon（1997）统计的 51 篇论文以及最新的 4 篇研究重新进行了分类，他们的统计发现公司社会责任与公司业绩正相关的研究论文有 33 篇，有 14 篇论文没发现两者之间存在显著关系，仅有 5 篇论文发现两者负相关，因此公司社会责任与财务业绩更多地呈现出正相关的关系。在 Griffin and Mahon（1997）和 Roman et al.（1999）研究发表后，仍然有许多学者采用不同的研究设计与研究方法，重新考察公司社会责任与财务业绩的关系，提供更为稳健、可靠、详细的证据。很多研究仍然是发现公司社会责任与财务业绩正相关（McGuire et al. 1988；Moskowitz，1972；Ruf et al.，2001；Simpson and Kohers，2002；Verschoor，1998），如 Harrison and Freeman（1999）的研究表明不合法规的表现或不承担社会责任会对企业的价值产生负面影响。Simpson and Kohers（2002）以金融业为研究行业，发现美国国有银行的社会绩效与财务绩效之间存在正向关系。Orlitzky and Frank（2003）等人通过大样本实证发现企业社会责任与公司的会计业绩显著正相关，且公司的环境支出能够得到回报。Schnietz and Epstein（2005）针对公司声誉的研究表明在公司危机时期社会责任声誉能够防止公司股价的下跌。Mackey（2007）

通过构建供需理论模型来研究社会责任与公司绩效的关系，在他的研究中公司的社会责任行为虽然没有对公司的未来现金流产生影响，却提高了公司市场价值。

关于公司社会责任如何提升企业价值的研究上，部分研究发现企业的社会责任行为能够增强员工士气和提高生产率（Soloman and Hanson，1985），吸引和留住高质量的员工（Fombrun and Shanley，1990；Turban and Greening，1997），降低公司的风险暴露（Godfrey，2005），提升公司的正面形象（Smith，1994），因此通过公司总体评价提升而增强公司产品的价值（Brown and Dacin，1997；Waddock and Graves，1997），也可以通过与重要的利益相关方（如银行、投资者、政府官员）建立更好的关系来提高公司的资本获得能力（Moussavi and Evans，1986）。总体而言，基于西方发达国家的实证研究发现社会责任确实对公司的业绩起到了促进作用，公司社会责任在一定程度上得到社会的正面评价。

与对公司社会责任经济后果的大量研究相比，对于公司社会责任的影响因素研究的关注相对不足。Jones（1999）建立了影响公司社会责任的制度性框架，认为制度结构，如社会文化、国民经济、行业、公司和个人等层次的制度安排决定了公司社会责任水平。Mcwilliams（2001）构建了公司责任的供需模型，在此基础上认为公司的社会责任水平依赖于它的规模、分散程度、科研、成长性、广告、政府销售、消费者收入、劳动市场状况、企业生命周期的阶段。另外他认为管理者通过成本收益分析可以得出最佳的社会责任水平，因此公司社会责任和公司的财务业绩之间的关系应当是中性的。与上述框架性的讨论相匹配，不少研究验证了上述部分因素对公司社会责任的影响。Stanwick and Stanwick（1998）发现公司的社会绩效受到公司规模、财务业绩、环境业绩等因素的影响。基于股权结构的分析，Graves and Waddock（1994）、Johnson and Greening（1999）证明了公司所有权结构，包括股权集中度和机构投资者持股程度，会影响到公司社会责任水平。以利益相关者理论为基础，Neville et al.（2005）的研究认为公司社会责任由利益相关者资源配置所影响，声誉在公司社会责任与财务业绩关系中起决定性作用，此外还发现策略匹配、竞争程度和声誉管理能力减弱了公司社会责任与财务业绩的关系。而从企业的营销和广告角度来分析，Luo and Bhattacharya（2006）的研究发现公司社会责任与顾客满意度存在正相关关系。

从测量方法上看，对企业社会责任的评价最常用的有早期的声誉指数法和内容分析法，以及20世纪90年代以来形成的KLD指数法等。声誉指数法由专家学者通过对公司各类社会责任方面的相关政策进行主观评价后得出公司声誉的排序结果。Moskowitz（1972）和Cochran and Wood（1984）等都采用了声誉指数法。内容分析法通过分析公司已公开的各类报告或文件来确定每一个特定项目的分值或数值，然后得出对公司社会责任的评价。Abbott and Monsen（1979）和Preston（1978）等都使用了内容分析法来构建所谓的社会参与度披露指标（SID），但这种方法现在已经很少使用。20世纪90年代后KLD公司从利益相关者的视角设置了八个方面关系来评价社会责任，其中主要是产品安全、社区关系、环境保护、妇女和少数民族、员工这五个方面，KLD指数法充分地体现了相关利益者理论，因此Wood and Jones（1995）虽认为其有一定的瑕疵，但是仍不失为目前“研究设计的最好也最容易被理解”的衡量方法。因其特有的优势，KLD成为目前衡量社会责任的主流方法。

上述研究文献绝大部分都是基于西方发达国家的环境，虽然已有学者呼吁多关注发展中国家的公司社会责任研究，但近年来只有极少数的文章讨论发展中国家社会责任，并且在研究设计中，更多的是直接借用已有的研究模型和主要解释变量，缺乏发展中国家独有的制度环境讨论，并且样本选取和数据获得上都存在一些不足，所得出的研究结论难以让人信服。Dasgupta et al.（1997）发现阿根廷、智利、墨西哥、菲律宾的资本市场对环境保护的声明有积极的反应。Cheung et al.（2010）通过亚洲国家的公司样本，同样得出CSR和公司市场价值有显著的正相关关系的结论。Zhang and Rezaee（2009）则发现久负盛名并且信誉良好的公司比起评级较低的公司，不仅账面绩效好，而且市场绩效也好很多。正如Blowfield and Frynas（2005）所提到的“事实上我们对发展中国家CSR动机的影响的了解非常有限”。在影响因素方面，Chapple and Moon（2005）通过分析7个亚洲国家的50家公司的网站报告，得出公司社会责任水平可以被各个国家的商业系统所解释。Muller and Kolk（2010）利用墨西哥的调查数据发现管理者对伦理的承诺是公司社会绩效的决定性因素。Zu and Song（2009）较早地研究了中国公司社会责任的影响因素，通过一个小范围、小样本的问卷调查发现，贫穷地区的、生产传统商品的小规模的国有公司通常会有高的公司社会责任水平。

1.1.3 企业环境绩效及其经济后果

在文献中对于企业环境绩效的定义以及使用仍未形成一个统一的认识（Lober，1996），在经济学与会计学的文献中，环境绩效主要由企业经营过程中产生的环境影响（Environmental Impact）来衡量，例如回收的废水（Al-Tuwaijri et al.，2004）、污染的排放（Patten，2002）、排水的污染程度（Cormier & Magnan，1997）、对环境法规的违反（Mobus，2005）以及外界对公司的环境评级等（如道琼斯可持续性指数，Dow Jones Sustainability Index）。研究重点包括理论框架、影响因素与经济后果等。

1）企业环境绩效及自愿环境项目参与的影响因素

文献中一个领域是直接考察企业环境绩效的影响因素，很多研究发现环境法规的监管与执行，如环境监测、法律程序、罚款等因素，会对企业环境绩效产生影响。Magat and Viscusi（1990）与 Laplante and Rilstone（1996）分别以美国和加拿大纸浆与造纸行业的数据发现环境监测（Environmental Inspection）会降低污染的排放，并且提高了企业自我报告排放水平的可能性。Gray and Deily（1996）发现在美国钢铁行业逐渐增强的环境法规执行力度，显著地降低了钢铁行业企业违反大气排放标准的行为。Nadeau（1997）发现在纸浆与造纸行业中，监测与法规执行均会影响公司违反大气污染标准的持续时间。Maxwell et al.（2000）的证据表明来自监管的威胁确实能够降低污染物的排放。以上研究是较为早期的文献，仅简单地考察了环境法规与企业环境绩效的关系，对其中的影响机制和作用机理讨论较少，因此后续的研究主要强调对机制与机理的分析。其中一个很重要的中间环节是企业采用的自愿环境项目（Voluntary Environmental Program，VEP），因为目前文献中绝大部分研究均研究企业在这一问题上的决策，因而后面的文献回归也以此为中心展开。

目前受到更多学者关注的主流研究主要是讨论当企业面临环境监管以及社会公众压力时，企业采用自愿的环境项目来应对上述压力。这组研究不仅仅关注什么因素影响了企业环境绩效，更倾向关注是通过什么途径或者机制影响了环境绩效，一般而言，认为是企业的自愿环境项目改善了企业的环境绩效。文献主要尝试回答两个问题：什么类型的企业更倾向采取自愿环境行动；资源环境行动是否会改善环境绩效。许多文献对污染企业为何会参与自愿环境行为（或者自我监管，Self-regulation）并提高环境绩效提供了很多解释，包括：避免环境监测以及监管部门的关注（Innes and Sam，2008）、抢占未来监管的标准（Brouhle，et al.，2009；Khanna，et al.，2009）、吸引“绿色”消费者（Lyon and Maxwell，2008；Arora and Gangopadhyah，1995）以及影响游说与抵制行为（Maxwell，et al.，2000；Baron，2001；Innes，2006）等原因。Khanna and Damon

（1999）认为为了获取公众的认可与避免未来环境负债和环境法规遵循而导致的成本，使得公司有意愿自愿参与环境保护部门的33/50项目。Anton et al.（2004）则发现环境潜在负债的威胁与来自消费者、投资者和公众的压力是企业自愿选择环境管理系统（Environmental management systems，EMSs）的关键因素，其中来自消费者的压力最为重要。Innes and Sam（2008）则发现相关的监管压力及关注解释了公司自愿参与33/50项目的动机，并且反过来公司的自愿参与确实降低了污染。同样的，Brouhle et al.（2009）也发现监管的威胁（Regulatory Threat）是影响企业自愿参与环境项目的最为关键的动力。

2）企业自愿环境行动参与对环境绩效的影响

关于公司自愿环境行动的经济后果，主要体现在两个方面：一是公司的自愿环境行动是否能够提高公司的环境绩效；二是公司的自愿环境行动是否能够导致更高的财务绩效。就第一个问题，众多研究基本形成比较一致的结论，确实发现公司自愿环境项目能够提高环境绩效。Khanna and Damon（1999）发现公司自愿参与环境保护部门的33/50项目显著地降低了企业对于33/50化学物质的排放，Innes and Sam（2008）也发现了类似的证据。Dasgupta et al.（2000）提供的证据表明，墨西哥的公司自愿采用ISO 14001体系会使得企业更好地遵循环境法律法规。Anton et al.（2004）的研究表明企业对环境管理系统应用的广泛性对于污染物的排放有显著的负向影响，并且在高污染公司中这种影响更为显著。Balar（2007）利用加拿大魁北克省的纸浆与造纸行业的数据检验国际标准ISO 14001的采用是否会影响企业的环境绩效，结果表明ISO标准的采用并不会导致固体废弃物与废水排放的减少，但会降低9%的二氧化碳排放，同时与不采用ISO标准的企业相比，采用标准的企业并没有呈现出显著的排污下降的趋势。Bui and Kapon（2012）发现州层面的企业自愿环境措施（Voluntary Environmental Initiatives）显著地减少了每年的污染排放，幅度为11%～15%。

3）企业自愿环境行动参与对经济绩效的影响

另外一个重要的问题是公司的环境绩效是否能够转化为财务绩效。一种观点认为，公司在环境技术方面的投资传统上被认为是对公司资源的抽取与使用，减少了公司用于正常经营的资源，因而公司的环境绩效与财务绩效之间存在冲突的关系（Palmer et al.，1995；Walley and Whitehead，1994）。另外一些文献认为公司的环境责任确实能够提高企业的财务绩效。从较好的环境业绩中获得潜在利益包括：公司环保带来的产品差异化（提高顾客需求）、未来环境责任和诉讼的风险降低、污染控制措施带来的生产成本降低等（Poter and Linde，1995；Reinhardt，1999）。此外，提高企业的环境业绩，能够推动政府的监管行为，使得“率先行动”的公司比其他被迫遵循政府监管行为的行业竞争对手有着竞争优势（Reinhardt，1999）。目前两种理论均有相应的经验证据支持，如Jaggi and Freedman（1992）通过纸浆与造纸行业的数据发现市场并不奖励污染业绩好的公司，相对于长期的污染治理政策，市场更倾向于短期的利润最大化政策。Fisher-Vanden and Thorburn（2011）利用事件研究方法，发现当企业宣布成为环境保护部门（EPA）发起的“气候领先者”（Climate Leader）时，会遭受一个显著的负向市场反应，并且在公司治理较差、成长性较高的公司中更为显著，该结果说明公司对于减少温室气体排放的承诺与公司价值最大化目标冲突。上述研究支持第一种观点。

Russo and Fouts（1997）从资源基础观点（Resource-based View）出发，发现公司的环境业绩与经济业绩存在正相关关系，并且随着行业增长率的提高，关系更强。Hamilton（1995）发现当TRI（Toxic Release Inventory）数据公布时，有更多污染物排放的公司会有负向的市场反应，说明公司未来可能的环境负债与遵循环境法律的成本会带来未来公司成本上升，支持风险与成本假说。

Klassen and McLaughlin（1996）发现公司环境业绩奖励的宣告会带来正向的市场反应，而公司环境危机的宣告会带来负向的市场反应。Khanna and Damon（1999）发现公司自愿参与环境保护部门的33/50项目对于公司当前的投资回报率有显著的负向影响，但对公司长期的利润率来说有着显著的正向影响。Clarkson et al.，(2004)将纸浆与造纸行业公司划分为低污染公司与高污染公司，发现在低污染公司中环境资本支出有额外的经济利益，但在高污染公司中该结果不存在。他们还发现投资者会利用环境业绩信息去评估未被企业记录的环境负债。Derwall et al.（2005）发现按照环境绩效较好的公司构造投资组合，能获得正向的并且优于以环境绩效较差的公司构建的投资组合的市场回报。Ziegler et al.（2007）发现企业的环境业绩对于股东价值有正向的影响，相反的，环境业绩与平均月度回报负相关。Henri and Journeault（2010）发现仅在更高的环境信息风险（Higher Environmental Exposure）、更大的公众透明度（Higher Public Visibility）、更多的环境关注（Higher Environmental Concern）以及更大规模的企业中环境管理控制系统（Eco-control）对于经济业绩有正向的影响作用。相关研究的证据支持第二种理论。

总结以上文献，我们发现基于发达国家背景下的企业环境绩效文献已经非常丰富，研究结论也比较一致。对于企业环境绩效与自愿环境项目的影响因素，文献普遍的结论是监管压力、环境监测、潜在环境负债和法律风险等是决定性的因素。关于企业环境绩效的经济后果而言，结论并不一致。对于企业自愿环境行动与环境绩效的关系，研究均发现两者存在正相关关系，即企业的自愿环境行动减少了污染的排放，提高了环境绩效。而对于企业的经济业绩，存在两种理论与经验证据：一是从企业资源分配角度来看，企业的环境业绩提高将挤占正常经营的资源，从而导致经济绩效与股东财富的下降；二是从企业长期发展来看，企业的环境业绩提高，能够带来销售收入的提高，降低环境负债和未来的遵循成本，提高竞争对手的成本等利益，从而提高企业经济绩效。

1.1.4 慈善捐赠及其经济后果

捐赠是公司社会责任中一个非常重要的方面，大量文献对此展开了丰富的研究，从捐赠的动机、影响因素和经济后果进行了全面的讨论，形成公司社会责任研究中一个重要研究领域。早期对社会慈善捐赠的研究主要关注公司捐赠动机，区分不同动机对慈善捐赠的影响，包括追求利益最大化的利己主义和慈善伦理的纯粹利他动机。绝大部分的研究认为公司捐赠更多地从理性的商业决策来考虑，目的是追求公司（或私人）利益最大化（Clotfelter，1985），并非在道德伦理层面上认为的捐赠是对社会的回报，是一种慈善的利他行为。很多研究通过分析公司广告决策与捐赠之间的关系，来检验公司捐赠的动机，结果均表明公司的广告能够影响慈善捐赠（Schwartz，1968；Fry，Keim，and Meiners，1982；Navarro，1988；Boatsman and Gupta，1996；Fisman et al.，2006；Brown et al.，2006），这表明慈善捐赠决策更多地与公司的营销联系在一起，从一个方面证明了慈善捐赠的经济动机。基于经济动机的进一步分析，部分研究认为慈善捐赠并不是为了追求公司价值最大化，更多地是为了达成管理者的个人目标或提高其在社区的地位（Balotti and Hanks，1999；Galaskiewicz，1997），Brown et al.（2006）发现公司的捐款有商业广告的目的，但主要还是管理层和董事通过公司捐款为自己谋取名声或利益。

对于慈善捐赠的经济后果研究，大部分均发现公司的捐赠决策能够通过增加公司销售收入、刺激创新、提升员工士气、改善顾客关系等途径，提高公司业绩，提升公司价值。Greening and Turban（2000）证明了公司慈善可以通过促进销售、提高员工士气，从而增加股东价值，这与 Lev et al.（2010）所提供的证据一致。

Neiheisel（1994）、Barron（2001）研究发现慈善捐赠会刺激创新，改善利益相关者的关系，从而提高公司价值。Godfrey（2005）认为慈善产生伦理资本，从而保护公司资产，对公司的业绩产生正的效应。

而对于慈善捐赠的影响因素研究，发现行业竞争程度、公司股权结构、公司业绩、现金持有量、声誉、规模、资本结构、产品与消费者的关系等均会影响公司的捐赠决策。Johnson（1966）指出处于垄断竞争和寡头垄断的市场的企业比完全垄断和完全竞争的市场的企业捐赠更多，即市场的竞争程度会影响慈善捐赠。Fombrun and Shanley（1990）、Wang and Coffey（1992）从代理理论的角度出发，发现公司的股权结构会影响慈善捐赠，表现在内外部股东持股比例、女性和少数股东成员比例与公司的慈善捐赠显著正相关。McGuire et al.（1988）和 Waddock and Graves（1997）发现慈善捐赠与公司先前的业绩有非常显著的相关性，而 Seifert et al.（2003）发现了可用现金与公司慈善的弱相关关系说明公司的盈利能力和可能拥有的资源为捐赠提供了基础。Harbaugh（1998）发现捐款人有向公众公开自己捐款信息的偏好，以提高自己的声誉。Williams and Barret（2000）、Werbel and Wortman（2000）证明慈善捐赠与公司的声誉正相关。Amato and Amato（2007）发现慈善捐赠与公司规模的三次方关系，即增—减—增关系，同时他们还证明了行业对捐赠有强烈的影响。Petrovits and Adhakrishnan（2010）发现捐赠受到消费者观念以及消费者的满足程度的影响。

1.1.5 社会责任信息披露

1）企业社会责任信息披露

企业社会责任信息披露是社会责任研究的一个重要领域，企业的社会责任决策、投资和业绩都需要通过信息披露与外部投资者、债权人等利益相关者进行沟通，才能起到提高公司价值、满足相关利益者利益等目的。缺乏了信息披露这一环节，企业的社会责任行为难以对市场产生重要影响。

社会责任信息披露的影响因素主要包括企业的财务状况、公司治理、相关利益者影响、公司融资需求和资本成本、市场发育程度及监管等方面。Abbott and Monsen（1979）、Bowman（1978）、Preston（1978）、Ingram and Frazier（1983）等研究发现企业财务业绩对企业社会责任信息披露的影响，考虑到企业披露社会责任信息需要耗费成本，企业的资源控制能力影响到相关的社会责任信息披露。Roberts（1992）以相关利益者理论为基础考察影响企业社会责任信息披露的因素，以政府、债权人、外部股东等重要的利益相关者构建研究指标，发现各个利益相关方确实影响到企业的社会责任信息披露，如股权分散程度更高、与政府关系更为密切、具有较好盈利能力的企业会更加支持企业社会责任活动，披露更多的企业社会责任信息。Foster（1986）曾指出，在有关企业披露政策差异的研究中显著性最一致的变量就是公司规模，在公司社会责任信息披露方面也存在类似的结论。Kelly（1981），Trotman and Bradley（1981），Teoh and Thong（1984），Cowen et al.（1987），Patten（1991，1992），Hackston and Milne（1996），Brammer and Pavelin（2004）等的研究均表明，企业规模与企业社会责任信息披露有正相关的关系。此外，也有研究发现行业因素、政治因素会影响企业社会责任信息披露，Patten（1991）也指出，政治风险高的行业、竞争激烈的行业更容易披露社会责任信息，这在一定程度上支持了Roberts（1992）的研究结论。Dhaliwal et al.（2010）则发现，公司资本成本不仅受到社会责任信息披露的影响，反过来也会影响公司社会责任信息披露，资本成本更高的公司更倾向通过披露社会责任信息来降低其资本成本。

社会责任信息披露行为的经济后果大致可以包括以下几个方面：提高股票的流动性、降低公司资本成本和提高公司业绩。

Diamond and Verrecchia（1991），Kim and Verrecchia（1994）认为社会责任信息披露减少不同投资者的信息不对称，而较多的信息披露使投资者确信股票以公平的价格交易，从而增加了股票的流动性。Botosan（1997）使用一个量化的公司自愿信息披露指数研究发现权益资本成本与公司风险正相关，企业社会责任信息披露通过降低公司风险，从而降低了权益资本成本。同样的，Dhaliwal et al.（2010）发现，社会责任信息披露质量影响公司资本成本。部分研究发现社会责任信息披露的机制有很大的价值相关性，社会责任信息披露的时机会影响公司财务业绩以及公司价值（Margolis and Walsh，2001；Orlitzky et al.，2003；Al-Tuwaijri et al.，2004）。

此外，企业环境信息披露是社会责任信息披露中的最为重要的研究领域，下面本书将单独对其进行讨论。

2）企业环境信息披露

在微观企业环境研究中，除了企业环境绩效之外，还有非常重要的一个领域是企业的环境信息披露（Environmental Disclosure），形成了丰富的研究成果。会计准则制定部门与证券监管部门已经注意到公司环境信息披露理论与实务的落后，影响到企业的准确估值与资本市场有效运作（Beets & Souther，1999），因此，企业环境信息披露研究具有重要的理论意义与政策意义。目前环境会计研究文献大致上可以划分为三组（Clarkson et al.，2008）：第一组文献主要讨论公司环境业绩信息的价值相关性，大部分研究发现这些信息对于投资者评估公司未来的环境负债是有价值的；第二组文献研究影响管理层披露潜在的环境负债的因素，特别是当这些披露是自愿的情况下；第三组文献研究企业环境绩效、经济绩效与环境信息披露之间的关系。其中第一组文献已在前文的企业环境绩效的经济后果中进行了详细的讨论，在此，本书将就后两组文献进行回顾与讨论。

（1）管理层自愿披露环境信息的影响因素

与企业环境绩效相类似的，影响企业环境信息披露的最主要因素仍然是监管方面的因素。Bath et al.（1997）发现具有更多估计环境负债的公司倾向披露环境信息，表明监管的压力包括资本市场的关注是影响公司环境披露决策的主要因素，同时，证据也表明公司在环境信息披露中进行了主观的操纵。Li and McConomy（1999）利用加拿大1990年颁布的、要求石油企业披露未来处置与恢复成本的会计准则来研究影响石油企业自愿采用新准则的影响因素及其信息的价值相关性。研究发现具有更严格的环境义务、更好的财务状况与更少的环境信息不确定性的企业更愿意自愿采用新准则，并且企业披露的未来处置与恢复成本具有价值相关性。

从监管压力延伸而形成的合法性理论，被用于解释公司环境信息披露的影响因素。Patten（1992）通过检验1989年的Exxon Valdez油轮泄漏事故对石油公司年报中环境信息披露的影响，发现当Exxon Valdez油轮泄漏事故发生后，上述石油公司年报中的环境信息披露显著增加，并且变化的幅度与公司的规模以及在Alyeska输油管道服务公司中的权益相关。Patten（1992）的研究支持了合法性理论。同样地以合法性理论为基础，Aerts and Cormier（2009）认为公司管理层运用信息沟通媒介（年报披露与媒体披露）来管理感知的环境合法性（Perceived Environmental Legitimacy），告诉公众公司的行为是恰当的，同时通过调整它们环境信息传播过程的程度、内容与质量来应对公众的压力。

尽管企业环境信息披露是监管影响的结果，除此之外，也有一系列文献发现公司规模、盈利能力、负债水平和流动性等也会影响环境信息披露（Patten，1991；Deegan and Gordon，1996；Jenkins & Yakovleva，2006）。相应的理论解释是利益相关者理论，一系列的研究也支持这一理论（Cormier and Magnan，2003；Li et al.，1997；Roberts，1992）。Roberts（1992）较早地应用了利益相关者理论检验管理层对于公司社会责任信息披露的决策，发现利益相关者影响、公司战略态度、经济业绩与社会责任信息披露之间存在正相关关系。Cormier et al.（2004）的研究表明企业管理层在环境方面对利益相关者的态度与企业如何应对利益相关者环境合法性的要求有关。Brammer and Pavelin（2006）研究发现规模更大的、负债更低的、股权结构较为分散的公司更愿意自愿披露环境信息，披露质量与公司规模以及环境影响正相关，说明公司的环境披露决策受到来自于利益相关者压力的影响。Huang and Kung（2010）利用我国台湾的数据从一个更为普遍的层面上检验了利益相关者理论对于环境信息披露的影响，结果表明外部利益相关者（如政府、债权人、消费者）、内部的利益相关者（如股东、员工）、中介机构（如环境保护组织、会计师事务所）均会对公司管理层的环境信息披露决策产生影响。

事实上，合法性理论与利益相关者理论在很多情况下存在重叠之处，两者在解释企业环境信息披露时并无明确的界限。

（2）企业环境绩效、经济绩效与环境信息披露

企业环境信息披露文献中另外一个重要的领域是将企业的环境业绩、经济业绩与环境信息披露一起进行研究，分析三者之间的作用机理，讨论企业的环境信息披露究竟是企业环境业绩的自然反映，还是作为一种应对外界监管威胁和政治压力的手段。

对于企业环境业绩与环境信息披露之间的关系，两种不同的理论指向不同的关系（Clarkson et al.，2008）。第一种是由 Dye（1985）、Verrecchia（1983）发展的自愿披露理论（Voluntary disclosure theory），预期企业环境业绩与环境信息披露之间存在正向的相关关系，表明在环境方面业绩较差的企业会较少披露环境信息，甚至于不披露任何环境信息。另外一种理论是社会政治理论（Socio-political theories），包括政治经济学理论、合法性理论与利益相关者理论（Patten，2002），预期企业环境绩效与环境信息披露之间存在负相关关系。这些理论认为，由于企业环境信息披露是公司面临的外部社会和政治压力的函数，当环境业绩较差的公司面

临更大的外部社会与政治压力以及监管的威胁时，它们会有动力增加环境信息披露以改变利益相关者对于企业真实环境业绩的认知。

大部分研究的经验证据支持第二种理论，Gray et al. （1995） and Lindblom（1994）认为当企业的社会合法性受到威胁时，会提高环境信息披露以（i）告知相关的公众有关企业绩效的变化；（ii）改变公众关于他们绩效的感知；（iii）通过强调其他方面的绩效转移公众的注意力；（iv）改变公众对它们业绩的预期。Hughes et al. （2001）发现在1992到1993年FASB与SEC对环境信息披露的关注，迫使环境业绩较差的企业更多地披露环境信息，因为它们更容易遭受到监管的关注。Patten（2002）通过24个行业中的131个公司的1990年年报发现公司经销售收入标准化的污染排放率与环境信息披露呈正相关关系，说明环境绩效与环境信息披露是负相关的。Cho and Patten（2007）考察了非法律风险相关的、货币性与非货币性的环境披露，结果表明环保绩效较差的与处于环境敏感行业企业进行更多的非法律风险相关的环境披露，在非环境敏感行业企业中，环境绩效较差的公司更倾向于进行非货币性的环境信息披露。上述结果支持了Patten（2002）的结论，环境信息披露成为企业满足合法性要求的工具。

也有部分研究的经验证据支持了第一种理论。Al-Tuwaijri et al. （2004）认为以前研究无法得到一致性的结论的重要原因是环境绩效、经济业绩与环境披露是相互影响的，他们利用联立方程一并考察了三者之间的关系，发现环境业绩与环境信息披露之间存在正向的相关关系，支持第一种理论。Clarkson et al. （2008）在运用更为严格的研究设计后，发现环境业绩与环境信息披露存在正相关关系，支持自愿披露理论，但同时他们也发现部分证据支持合法性理论。

（3）环境信息披露与其他方式的相互作用

上述文献发现企业管理层会将环境信息披露作为管理外部政治

压力的一种工具，而众所周知，企业管理政治压力、降低政治成本的手段有很多，如盈余管理、政治捐赠等。接下来的一个重要问题是，作为企业应对政治压力的工具，环境信息披露与其他方式之间存在怎样的关系，相互之间的作用机理如何？文献对此进行了讨论。

Patten and Trompeter（2003）利用 1984 年 12 月发生的 Union Carbide's Bhopal 化学泄漏事故考察环境信息与盈余管理行为的相互作用机理，发现在 1984 年 40 家化学公司有显著的负向主观应计，而事前环境信息披露较好的公司其负向主观应计的水平较小，结果表明环境信息披露与盈余管理均可以作为降低监管成本、应对政治压力的手段，两者可相互替代。Cho et al.（2006）则考察了在 2001—2002 大选期间 119 家环境敏感公司的政治捐赠、环境绩效与环境信息披露的关系，发现环境绩效较差的公司更热衷于参与政治捐献，而政治捐献与环境信息披露之间的正相关关系表明两者作为互补的机制被公司用以管理公共政策压力。

两篇文献的研究结论并不一致，环境信息披露与其他应对政治压力的工具之间并非简单的替代或者互补关系，而是均有可能。但文献的结论都支持合法性理论，认同企业环境信息披露是一种降低政治成本和监管威胁的手段。

总结以上文献，文献中有丰富的关于西方发达国家的环境信息披露相关研究。就环境信息披露影响因素来说，大部分研究发现监管威胁和政治压力是决定企业环境信息披露水平和质量的重要因素。对于环境业绩与环境信息披露之间的关系，存在两种理论解释：一是自愿披露理论，预期环境业绩与环境信息披露之间存在正相关关系；二是社会政治理论，预期环境业绩与环境信息披露之间存在负相关关系。相较于企业环境绩效研究，环境信息披露研究在中国逐步兴起，受到越来越多学者的关注，研究主要从环境信息披露的整体水平、影响因素与经济后果去讨论，研究仍处于相对初级的阶段，缺乏内在逻辑一致的理论解释，与中国转轨制度特征结合不够紧密，仍有广阔的研究前景。

1.2 国内研究现状

相对于国外丰富的文献而言，我国的企业社会责任研究只能算起步阶段，但受到党中央和中央政府政策的大力推动，随着企业社会责任实践的蓬勃发展，相关的学术研究也逐步兴起，现在已经形成了一个比较重要的研究领域。下面本书将按照第一节的结构，逐步回顾国内有关的企业社会责任研究。

1.2.1 公司社会责任的理论基础

国内对于社会责任的理论研究绝大部分是介绍了西方的理论成果，并且主要集中在利益相关者理论及其在中国企业中的应用，如陈宏辉，贾生华（2003）从历史的视角来审视企业社会责任观的演进得出企业社会责任与利益相关者的利益要求是紧密结合在一起的。李心合（2004）指出从历史和现实看，公司价值取向存在两种模式：一是股东价值取向模式，其理论基础是资本强权理论和股东利益与社会利益统一理论；二是利益相关者价值取向模式，其理论基础是共同所有权理论、托管责任理论和公司社会责任理论。现今，公司价值取向模式经历着从股东价值取向到利益相关者价值取向的演进过程。韵江、高良谋（2005）提出了一个价值嵌入下的公司治理、组织能力和社会责任的 CGR 整合框架，指出只有将这三者整合起来研究，才能保证企业实现永续经营。张兆国等（2008）提出，公司履行社会责任是一种既利己也利他的最优抉择，要突破股东至上的公司治理模式，提倡利益相关者理论。许正良、刘娜（2008）在有利于人类社会和企业自身持续发展的理念基础上，从分析、设计、执行和控制等方面构建了企业社会责任和企业战略目标管理融合框架。张兆国等（2009）着重运用利益相关者理论，认为企业承担社会责任不是一种简单的利他主义，而是一种既利己也利他的最优抉择。高汉祥，郑济孝（2010）从理论溯源入手研究现代企业诞生的理论源头，指出责任概念是公司治理与企业社会责任共有的理论内核，当前社会环境的变革与经济发展模式的变迁改变了二者分流发展的趋势，为二者的融合提供了外部条件，而二者共有的理论内核又为这一融合提供了内在必然性。

总体而言，我国关于社会责任的理论研究才刚刚起步，基本上停留在引进并介绍西方的相关理论基础，缺乏理论根基，而且鲜有研究关注到理论与本国特殊国情结合起来讨论社会责任理论的构建，很难为我国现行环境下的社会责任研究，特别是实证研究提供一个分析性的框架。

1.2.2 公司社会责任整体水平的影响因素及经济后果

在社会责任的影响因素的研究方面，周延风等（2007）发现企业社会责任行为与消费者响应之间的复杂关系，既受到消费者个人特征的影响，也受到产品自身特征的影响。另外消费者对不同层次的企业社会责任行为的响应存在差别。周祖城，张漪杰（2007）发现行业内的相对 CSR 水平与消费者相应购买意向正相关。以政治干预理论为基础，Li and Zhang（2010）发现在国有企业中，政治干预越强，公司社会责任水平越高，而非国有企业中该现象不存在。Li and Zhang（2010）的研究开始将我国制度特征纳入分析框架内，考察了政治干预对我国企业进行社会责任投资和水平的影响。

有部分研究考察我国公司社会责任的经济后果，即企业社会责任水平与公司财务绩效、市场价值的关系。李正（2006）发现企业价值与所承担的社会责任成反比。同样的，温素彬，方苑（2008）根据利益相关者理论构建社会责任指标，却发现这些指标与企业当期绩效负向关，表明利益相关者理论并不一定适用于中国现行制度环境。我国的经验证据与西方发达国家所发现的正向关系不同（Orlitzky et al. , 2003），而目前相关研究并没有给出合理的解释。Li and Zhang（2011）发现在非国有企业中，公司社会责任水平与公司业绩呈正向相关关系，但在国有企业样本中，这一关系反转。Li and Zhang（2011）的研究至少提醒我们，在中国的市场环境中考察公司社会责任的经济后果，应当考虑所有制性质的影响，而这可能与我国独特的政治干预制度特征有关。

1.2.3 企业环境绩效及其经济后果

以中国为背景的微观环境绩效的研究还比较少，一个重要的原因在于企业环境绩效的数据难以获取，Dasgupta et al.（2001）以中国1993—1997年的制造业的公司为样本，发现环境监测显著地降低了企业对于空气与水质的污染。就我们所搜集的文献，相关领域的中文研究基本没有，研究更多的不是基于企业层面的数据分析，而是基于行业层面的，如于峰和齐建国（2007）考察了开放经济条件下我国主要经济要素与环境污染的关系，结果显示经济规模扩大、产业结构和能源结构变动加剧了我国环境污染，生产率提高、环保技术创新与推广降低了我国环境污染。黄德春、刘志彪（2006）通过案例得出环境规制可以提高企业的自主创新能力。李斌、汤铸、陈开军（2006）实证发现贸易自由化有利于我国环境保护。李永友、沈坤荣（2008）认为污染收费制度对减少污染排放有显著效果，同时邻近地区污染控制程度对环境污染有显著影响。卢宁、李国平（2009）实证得出社会资本是解释环境污染物排放量的重要要素之一。张红风等（2009）认为环境保护不仅需要环境规制，还要配合产业结构配置政策的调整。这些研究都是在宏观层面对环境问题的分析，而且主要集中于环境污染的影响因素，对环境污染的经济后果研究欠缺。

针对我国的企业环境绩效研究的缺失，为我们在中国开展企业环境绩效的作用机理与经济后果的研究提供了丰富的研究机会。

1.2.4 慈善捐赠及其经济后果

2008 年汶川地震发生后，为研究公司的慈善捐赠行为提供了一个很好的机会，关于我国企业慈善捐赠的大量研究也是在这个时候开始出现的。利用汶川地震后三个月内公司的慈善捐赠数据，山立威等（2008）发现我国上市公司出于广告效用的经济动机来选择捐赠数量和方式，这与 Zhang et al.（2010）的研究结果一致，他们同时也发现非国有企业比国有企业捐赠更多。但贾明、张喆（2010）同样运用汶川捐款的数据，发现高官的政治关联会促进公司慈善行为，并且这一关系在公司政治关联价值损失较低或者公司运行地区的外部法律环境更加完善时减弱。薛爽、肖星（2011）单独考察了 2008 年汶川地震后民营上市公司捐款的情况，她们的研究证实了民营企业的捐赠行为是策略性的，其利用捐赠巩固政治关联，从而进一步获得政府的支持。山立威等（2008）、Zhang et al.（2010）与西方文献发现的结果相似，支持公司捐款的经济动机，而贾明、张喆（2010），薛爽、肖星（2011）的研究则支持公司慈善行为的政治干预和政治寻租动机。Wang et al.（2008）发现我国上市公司慈善捐赠与业绩一次线性正相关，但是在二次模型中却呈现出倒 U 型结构，即公司捐赠在高水平时与公司业绩是边际递减关系。

从经济后果方面来看，方军雄（2009）发现虽然整体上我国上市公司的捐赠体现了经济理性，但是投资者却没有做出正面评价；相反，越及时的捐赠其负面反应越大，这与经济动机不符，反而可以被政治动机所解释。Su and He（2010）发现公司慈善和企业盈利之间是显著的正相关关系，这个结果支持了近年来中国企业慈善政治干预观点，特别是财产保护权利，这个关系随着制度的增强而减弱。

1.2.5 社会责任信息披露

最早讨论我国企业社会责任的学者中，很大一部分的研究领域是会计专业，对企业社会责任的研究也是从社会责任会计、环境会计方面入手的，因此，我国学术界对企业社会责任报告、环境信息披露等方面的研究还算比较丰富。下面本书也从这两个方面来简单地归纳一下研究现状。

李正、向锐（2007）探讨了我国企业社会责任信息披露的内容界定、计量方法以及披露现状，还发现我国企业对员工问题、产品质量提高、公益捐赠等社会责任信息披露较多，而对于废旧原料回收、环境问题、社区问题等社会责任信息的披露较少。沈洪涛（2007）发现规模越大、盈利能力越好的公司越倾向于披露社会责任信息，支持了战略性公司社会责任理论，即经济因素驱动社会责任信息披露。从经济后果来看，社会责任信息的决策价值和市场价值均比较低（宋献中、龚明晓，2006；陈玉清、马丽丽，2005）。陈玉清和马丽丽（2005）检验 A 股公司 2003 年年报中的社会责任会计信息的反应，得出了信息使用者对社会责任会计信息不关注的结论。宋献中、龚明晓（2006）研究了公司年报中的社会责任信息价值，得出了信息的公共关系价值的增值效应大于决策价值的增值效应的结论。刘长翠、孔晓婷（2006）发现上市公司社会责任会计基础型的披露涉及面很窄，非会计基础型的披露目前采用的较多，且存在说明泛泛的问题。

此外，目前也有越来越多的研究关注发展中国家的企业环境披露研究，中国作为最大的发展中国家，环境信息披露的相关研究也逐渐出现在国际主流学术杂志上。Zeng et al.（2012）利用制度理论考察了 2006—2008 年中国上市公司的环境信息披露的影响因素，结果表明国有的、环境敏感行业的、在行业中处于领导地位的、有良好公司声誉的企业更多地披露环境信息。与企业环境绩效不同的是，企业环境信息的数据可以通过对年报的内容分析获得（Zeng et al.，2012），针对中国上市公司的环境信息披露逐步出现。沈洪涛和李余晓璐（2010）对我国重污染行业全部上市公司2006—2008年年报中披露的环境信息的数量、质量和内容进行了全面分析，发现参与披露环境信息的公司逐渐上升，而质量却出现了下降，存在较为明显的重数量、轻质量的情况，行业因素对于环境信息披露的数量和质量有显著的影响，并且公司环境信息披露不完整。汤亚莉等（2006）以中国的资本市场为背景，研究了上市公司环境信息披露状况及影响因素，证明了资产规模、公司绩效与社会环境信息披露的正相关关系。沈洪涛等（2010）通过重污染行业上市公司，发现企业披露的环境信息能显著地降低权益融资成本，另外融资环保核查政策的执行力度能显著地影响两者之间的关系。

1.3 文献评述与研究机会

结合国内外研究现状，现有文献已对企业社会责任各个维度进行了较为深入的研究，构建了多种理论模型和得到丰富的经验证据，总体而言，公司社会责任的现有研究具有以下几个特点，或者说值得深入讨论的地方：

第一，国外社会责任理论研究发展已经比较成熟，利益相关者理论成为主流，公司公民理论逐步受到重视，但这些理论都形成于较为发达完善的市场环境中，与我国具有转型经济特征的政治、经济、文化制度环境有一定差距，对于以中国为代表的新兴市场的政治干预、腐败、寻租等制度特征考虑较少，缺乏适应于新兴市场的、内在逻辑统一的公司社会责任理论框架。

第二，文献关于企业社会责任投资与信息披露的实证研究尚未取得一致的结论。例如企业社会责任水平与经济绩效之间存在两种可能的关系：正相关关系与负相关关系。对企业社会责任投入与社会责任信息披露之间关系的理论解释包括：自愿披露理论与社会政治理论。在未来研究中，哪种观点与理论占主导，还需要结合国家的制度环境做进一步的分析。

第三，国外主流文献关于社会责任的实证研究缺乏对新兴市场的关注。根据我们对文献的检索，目前发表在国际高水平学术期刊上的企业环境研究，绝大部分均基于发达国家的数据分析（如美国、加拿大、欧洲等），对于发展中国家的讨论仍较为少见。考虑到企业社会责任、可持续发展是一个全球性的话题，基于新兴市场的企业环境决策的经验证据，无论对于学术研究还是对于环保实践都具有深远意义，因此，应加强对新兴市场研究的关注。

第四，现有关于企业社会责任的实证研究仍然存在很多研究方法上的缺陷，如目前绝大部分公司社会责任与社会责任信息披露的实证研究，都是对于小样本数据的检验，很多研究仅有 100 多家公司，少的甚至只有几十家，很容易产生样本选择误差（Sample Selection Bias）。社会责任衡量指标的选取可能存在主观偏差，例如，由于缺乏统一的环境绩效与信息披露数据，众多学者自行设计了很多不同的环境绩效和信息披露指标，可能会存在一定的误差。此外，还存在研究方法不恰当的影响，如环境绩效、经济绩效与环境信息披露容易受到内生性问题的影响，但仅有少数研究关注了内生性问题（Al-Tuwaijri et al.，2004），绝大部分研究有意无意地忽略了内生性的分析，这降低了结果的可靠性。

根据上述文献评述的分析，很显然，关于我国企业社会责任的可能研究大体上有两个方向是值得努力的：一是基于我国转轨经济制度背景下的企业社会责任理论构建；二是以这样的理论框架进行构建研究假设，对我国企业社会责任总体水平以及各个维度进行实证检验，考察我国企业社会责任总体水平、慈善捐赠、环境投入、信息披露等方面的影响因素和经济后果，从而为我国企业社会责任的政策制定与实践发展提供理论支持。

综上所述，基于上述对国内外研究文献的分析，本书将运用新政治经济学中的政治干预与寻租理论，引入政府干预、寻租等相关制度变量，构建基于我国转型经济特征的公司环境决策理论分析框架。在此基础上，本书从数据库、上市公司年报及其他公告中收集社会责任总体水平、慈善捐赠、环境投资与环境信息披露的数据，以上述理论框架为基础，全面研究影响我国企业社会责任投资的因素，整体考察社会责任水平、经济绩效与社会责任信息披露之间的作用机理，分析企业社会责任不同维度之间的相互影响，从而评价我国企业社会责任的经济后果。

2 制度分析与理论构建：政治干预与寻租

中国在改革开放之前，一直采用计划经济体制来配置资源，发展经济。国家在生产、资源分配以及产品消费各方面，都是由政府事先进行计划。三个基本经济问题，即生产什么、怎样生产和为谁生产全部由政府来解决，可以说，在计划经济体制下，政府对经济的干预是最为重要的制度特征。计划经济体制在中华人民共和国成立初期发挥了重要作用，取得了很大的成就，但由于本身存在容易脱离实际、无法迅速满足复杂多变的社会需求、不能合理地调节经济主体之间的经济利益关系等弊端，无法适应我国经济建设的需求，我国在 1978 年推进经济体制改革，通过逐步建立社会主义市场经济体制来发展经济。与苏联和东欧国家不同的是，我国的经济体制改革是一种渐进式的改革方式，计划经济体制的打破和市场经济体制的建立并非一蹴而就，而是一个缓慢而稳步推进的过程。在这一过程中，我国经济处于转轨时期，即从计划经济体制向市场经济体制过渡的过程。转轨经济时期的制度特征，既不完全类似计划经济体制的制度特征，也不完全等同于市场经济体制的制度特征，并且会深刻地影响着我国宏观经济的发展以及经济体制下微观企业的行为。考虑到企业社会责任决策和投资也是企业行为之一，我们在研究我国企业社会责任的影响因素和经济后果时，不应忽视对我国转轨经济的制度特征的分析，并结合这些特征来构建我国企业社会责任的理论模型和研究设计。

2.1 转轨经济制度特征

2.1.1 政治干预

中国30多年来的经济转轨被认为是通过地区分权、非国有企业的发展、二元金融体制（Financial Dualism）带来的金融改革以及双轨制下的市场改革（Dual-track Approach to Market Liberalization）等举措来改革政府的过程（Qian，2000）。从表面上看，改革过程中政府权力的逐步退出和有限退出经济领域，呈现一个“松绑式”的过程。可以认为，是政府对于经济活动干预的减弱解释了中国经济过去30多年来的高速增长，例如私有经济要比国有经济等其他经济形式增长更快，并对整体经济增长贡献最大（Allen et al.，2005）。

我国目前仍然处于经济转轨过程中，充分竞争的市场经济制度还未完全建立。从我国当前所处的制度环境来看，政府权力“量”上的退出并不意味着“质”上的改变。第一，在生产过程中，中国的国有企业虽然数量上有大幅度下降，但仍然起着主导作用，它们在相当大的程度上决定着中国经济未来的基本态势和走向；第二，从分配过程来看，政府权力的分配决定着社会各阶层利益分配的基本格局和运动方向；第三，从经济体制来说，权力结构决定着中国经济体制转型的速度、力度和方向以及经济体制的基本结构和作用规律；第四，正是由于权力的作用，形成了中国产业结构纵向上的僵化和横向上的分割，出现畸形经济和诸侯经济；第五，从经济发展来看，权力构成中国经济发展和经济增长中隐性的但往往起最后作用的要素。无论是资本要素、劳动要素还是技术要素，都没有像权力要素那样在中国经济发展中扮演着如此具有决定性的、最后力量的角色（汪彤，2007）。我国经济领域内大多数资源与价格仍处于强制性的计划管理之下，许多领域与行业尚处于严格的申报、审批约束之下，并且有许多限制性的领域尚未打破自由进出的门槛，现行的政治体制和经济体制决定了政府仍然是我国经济活动和社会生活的主导力量，强大的政府干预的力量让经济的运行并不服从于经济必然规律本身，而是服从于政治决策的周期性。

汪彤（2007）指出，政府经济权力是由国家权力衍生而来的，其实质是公共权力，而公共权力的基本特征是在全社会范围内具有强制性和垄断性。强制性意味着政府可以通过行政命令规定人们必须做什么或不得做什么，人们必须服从之。垄断性意味着政府的行政权力没有竞争，正是由于公共权力在全社会范围内具有强制性和垄断性，政府行使公共权力的后果才不仅会影响到全社会生产要素的使用，而且会对社会成员的收入、社会财富的分配和社会净福利增减等方面产生重要影响。作为国家经济的微观基础——企业，其经营决策和经营行为必然会受到政府的影响，在对我国企业进行研究时，不应忽略政府权力的影响。

由此，政治干预成为中国转轨经济中的一个重要的制度特征，在很大程度上影响着整体经济的运行和企业的经营决策，其表现在：①分权改革和财政联邦主义使得地方政府拥有了经济发展的权力，地方政府控制了经济中几乎所有的关键性生产要素（如资金、土地、项目审批、政府补贴、税收减免、劳动力政策）进而对企业和当地经济发展可以施加决定性影响（周黎安，2008）①；②行政发包和晋升激励带来的地方政府间过度竞争，使得地方政府有着干预地区经济发展的动力，追求高 GDP，多上大项目，多出政绩；

① 简单列举一下，（地方）政府至少拥有以下方面的重要权力：①本地经济发展的年度计划和长远规划，制定长远发展战略和产业政策；②财政资金的支配权和通过政府担保对银行信贷的影响力以及对地方金融机构（城市商业银行）的巨大影响力；③通过制定和提供各种优惠政策招商引资；④项目的审批权；⑤土地出让和使用；⑥实施合同和协调纠纷等。

③中央政府为了确保公有制经济的主体地位，对某些关键领域和行业设置了进入壁垒，确保大型国有企业对行业和领域的掌控，长期积累的市场优势形成垄断，损害社会福利，如电力、石油、电信、钢铁等行业[①]；④公有制经济在国民经济中的比重还是很高[②]，政府行使股东权利直接干预企业的经营决策。以中国上市公司为例，我国大约60%的上市公司以政府为最终控制人，而世界上其他国家和地区中这一比重最高的是新加坡为23.50%，最低的是英国仅为0.08%（Li and Zhang，2010）。

2.1.2　权力寻租

政治干预的一个较为常见的后果就是权力寻租。新政治经济学中的寻租理论认为，政府对经济活动的管制和干预会产生多种形式的租金（rent）[③]，而人们会为了这些租金进行竞争（Krueger，1974）。企业或个人为了竞争这些租金而进行一系列非生产性活动就是寻租。寻租包括几个特点：一是竞争租金的活动是非生产性的，会带来效率损失和社会福利降低；二是寻租通常伴随着私下的利益交易，一般不为法律所允许，如腐败和贿赂；三是通常法律体系不完备、行政权力过大的国家和地区寻租活动盛行。Shleifer and Vishny（1994）认为，在制度不健全的转轨国家，政治和经济改革不彻底，政治透明度低，权力行使缺乏有效监督，官员利用手中的权力与企业勾结的腐败和寻租活动难以受到制度的约束，导致寻租活动更为盛行。Hellman et al.（2003）通过实证检验发现寻租行为

---

① 电网行业仅有国家电网和南方电网两家大型国企；石化行业包括中石化、中石油和中海油三家企业；电信行业的3G牌照只有3张，分别被中国电信、中国移动和中国联通三家企业获得。

② 国家统计局原局长李成瑞同志在《关于我国目前公私经济比重的初步测算》中提到，2005年中国经济中公私经济资本比重为53：47。

③ 政府的政策干预和行政管制，如进口配额、生产许可证发放、价格管制，乃至特定行业的特殊管制包括对从业人员数量的限制等等，都可以造成人为的稀缺，从而也会形成超额收入。

（capture economy）更容易发生在经济转轨的国家中，有影响力的公司（captor firms）能够通过干预政府、贿赂政府官员等方式操纵政治权力来获取租金，这些公司有着更高的增长率以及更好的产权保护，支持了 Krueger（1974）、Shleifer and Vishny（1994）的理论。

中国一直以来都是一个权力寻租盛行的国家，综观几千年来的封建官场文化为寻租提供了文化基础，现今社会，“办事找关系”已经成为人们在日常生活和交往中默认的准则。中国现在仍然处于经济转轨时期，政府干预成为经济活动中重要的制度特征，这为寻租提供了经济制度基础。中国现行政治体制下，公权力过大并且不受约束，行政权力深刻影响着社会经济与生活的每个角落，这为寻租提供了政治制度基础。根据“透明国际”（Transparency International）组织公布的2006 年度清廉指数排行榜，中国大陆排在第 70 位，排名比较靠后，说明中国腐败情况仍然非常严重①。根据中国人民银行 2011 年发布的一份关于“腐败资产外逃”的研究报告，从 20 世纪 90 年代中期以来，外逃党政干部，公安、司法干部和国家事业单位、国有企业高层管理人员，以及驻外中资机构外逃、失踪人员数目高达16 000 ~ 18 000 人，携带款项达8 000亿元人民币②。官员腐败与寻租活动密切相关，这从一个角度反映了寻租活动，尤其是政治寻租在中国的普遍性。因此，研究中国企业的经济行为，包括企业的投资、融资、信息披露、社会责任等方面决策，应当充分考虑政治干预导致的对企业政治寻租行为的

① 佚名．“透明国际组织”发布全球清廉指数 中国升至 70 位［J/OL］．法制晚报，［2006-11-07］．http://news.163.com/06/1107/13/2VB2AUA80001124J.html.

② 尽管随后有机构指出该调研报告引用的有关外逃贪官、金额的数据有误，中央纪律检查委员会（下称“中纪委”）一位官员对《中国经济周刊》表示，“8 000 亿元”的金额“绝对不准确”。《中国经济周刊》根据最高检历年“两会”上的工作报告整理得知，自 2000 年底最高检会同公安部组织开展追逃专项行动以来，至 2011 年，检察机关共抓获在逃职务犯罪嫌疑人 18 487 名。而据最高检公开发布的 2005 年、2007 年、2009 年、2010 年、2011 年五年的数据显示，我国这五年共缴获赃款赃物金额达 541.9 亿元。

影响。

中国经济具有“二元所有制结构”，如前文所述国有企业在国民经济中举足轻重，国有企业与非国有企业由于企业目标、员工激励、经营环境和政治支持等制度安排的差异，在政治寻租动机及经济后果上有所不同，引起了企业包括社会责任报告在内的一系列经营决策与企业行为的差异。

非国有企业的目标是获取最大化的利润，企业高管一般持有企业股份而分享剩余利润，有动力通过一切手段去追逐高额利润。与国有企业相比，非国有企业由于出身上的原因，得到政府支持相对较少，甚至常常还处于劣势竞争状态。因此，非国有企业会通过政治寻租去获得更多的政府支持，包括良好的经营环境、政策资源、政府实质支持等。现有文献研究也证明了上述观点，企业会通过贿赂政府官员、政治捐献、建立政治关系等途径来获取政府所控制的资源，如政策、信贷、产权保护、补贴等方面的超额收益。Fan et al.，（2008）发现腐败官员被捕后，相比较于没有关联的上市公司，与这些腐败官员有关联的上市公司的负债率明显下降，支持寻租理论假说。余明桂等（2010）的研究结果表明民营企业通过与地方政府建立政治联系来俘获掌握着财政补贴支配权的地方政府官员，进而得到更多的财政补贴收入，而在制度约束弱的地区，这种寻租行为更加盛行。还有部分研究发现，民营企业的政治关系有助于企业获得税收优惠（吴文峰等，2009）、进入管制行业（罗党论、刘晓龙，2009）等。企业进行政治寻租需要付出成本，如给官员的贿赂、增加官员政绩耗费等非生产性支出。考虑到非国有企业的逐利动机，企业进行政治寻租的决策前提是：政治寻租所获得的政府支持带来的回报高于政治寻租付出的成本，政治寻租体现为企业与政府官员之间的利益交易行为。

与非国有企业不同的是，国有企业的大股东就是政府，官员代替政府行使股东权利，如选聘高管、影响重大决策等，使得国有企业为自身利益服务，股东的利益要体现为政府（或者说政府官员）的利益。政府与国有企业利益基本一致，政府在很大程度上主动给国有企业予以支持，并不需要像非国有企业那样通过政治寻租来获取经济方面的利益，现有文献中所讨论的通常意义上的寻租在国有企业中并不明显。国有企业的政治寻租并非表现在政府与企业之间，而更多地表现在上级官员与国企高管之间，不是一种企业行为，而是中国现行政治生态下官员提拔与晋升的一种个人行为，企业的行为更多地为个人目的服务。国企高管除了获取经济利益外，还有一个重要的激励，即晋升激励。国有企业经理属于国家干部，由政府任命，有着一定的行政级别，很多经理本来就是政府官员，仍然实行“党管干部”原则，企业经理由各级组织部门任命，干得好的就会任命为上一级领导[①]。在中国现行政治制度下，政府官员掌握了资源的分配权，几千年来的“官本位”思想导致做官比经营企业更为重要[②]。国企高管在个人晋升激励下，在企业经营决策上更多地满足上级官员的目标与利益诉求，企业的政治寻租活动体现为政府官员和企业高管之间的政治目标与未来晋升机会之间的交易行为。因此，与非国有企业相比，国有企业的政治寻租活动会有以下特点：①寻租活动使得企业的目标并非单纯地利润最大化，反而是一种多任务目标体系，既有经济目标，也有包括维持社会稳定在内的政治目标（Bai et al.，2006）；②企业的寻租支出与从政府获得的利益支持不存在因果关系，无法进行成本效益分析，难以被直接观察或检验；③企业的寻租活动有强烈的政策性与时效性，与当前政治氛围中的热点问题密切相关。

① 如前中石化总经理、党组书记苏树林于2011年4月被任命为福建省省长。

② 正如张维迎（1999）所指出的，与资本主义企业中的经理想成为资本家相反，国有企业经理都想当官。

2.1.3 政治锦标赛的官员晋升机制

Li and Zhou（2005）指出中国的政治体系有着高度集中的特点，党中央和中央政府对体系内政府官员流动具有最终的控制权，进而控制着地方政府。同一行政级别的地方官员无论是省、市、县还是乡镇一级，都处于一种政治晋升博弈状态，或者说参加政治锦标赛（Political Tournament）状态（周黎安，2004）。参加政治锦标赛状态的基本特征就是促使参与人只关心自己与竞争者的相对位次，在成本允许的情况下，参与人不仅被激励做有利于自己的事情，而且也同样被激励去做不利于其竞争对手的事情；对于那些利己不利人的事情激励最充分，但是，对于那些“双赢”的合作则激励不足。我国对政府官员升迁（控制）制度的改革随着经济改革而启动，地区经济绩效取代政治表现成为评价政府官员的重要指标。地方政府官员在进行一场政治锦标赛，赢家得到升迁，地区经济发展水平（主要是 GDP 指标的排名）成为政府官员升迁最为重要的指标。由此，当上级政府提出某个经济发展指标（如 GDP 增长率）时，下级政府就会竞相提出更高的发展指标，出现层层分解、层层加码现象。这方面的例子比比皆是，比如，在全国的“十一五”规划中，年均经济增长预期目标设定为 7.5%，而在全国 31 个省市公布的“十一五”规划中，预计平均 GDP 增速却是 10.1%，最高的达 13%，最低为 8.5%，以至于国家发改委紧急发文要求各省市为 GDP 增长“减速”。

中国天然具备晋升锦标赛的各种政治与经济条件①，包括：第一，中国是中央集权的国家，中央或上级政府有权力决定下级政府官员的任命，即具有集中的人事权。第二，无论是省与省之间，还

① 周黎安．官员晋升锦标赛，赛什么？［J/OL］．人民日报，［2010-05-20］．http：//news. xinhuanet. com/politics/2010-05/20/c_ 12123691. htm.

是市、地区、县、乡之间都有非常相似的地方。这些地方政府所做的事情很相似，所以他们的绩效比较容易进行相互比较。第三，在中国目前的行政体制下，地方官员对地方经济的发展具有巨大的影响力和控制力，一些最重要的资源，如行政审批、土地征用、贷款担保、各项政策优惠等等均掌握在地方政府的手中，这就使得地方政府官员能够在相当程度上控制和影响最终考核的绩效。第四，跨地区的地方政府官员之间高度竞争是中国晋升体制下的常态。其原因在于，晋升与不晋升存在巨大的利益差异，这不仅表现为行政权力和地位的巨大差异，而且在政治前景上也不可同日而语：不晋升可能意味着永远没有机会或出局，而晋升意味着未来具有进一步的晋升机会。第五，锦标赛的激励效果是逐层放大的。中国行政体制由中央、省、市（地区）、县和乡镇五级政府构成，晋升锦标赛可以发生在中央以下的任何一级地方政府之间，而中国“块块”行政管理体制在不同层次上的同构性使得晋升锦标赛得以普遍推行。第六，在相当长的时期内，中国政府官员处于一个非常封闭的“内部劳动力市场”，即一旦被上级领导罢免、开除，就很难在组织外部找到其他工作。

Li and Zhou（2005）、周黎安等（2005）的研究发现随着地区经济绩效的提升，省级官员升迁的可能性增加，退休的可能性下降。为了在政治锦标赛中获胜，地方政府官员有强烈的动机发展地区的经济。为致力于经济增长或是财政收入增长，从而在政治锦标赛中获胜，地方政府官员需要充分利用竞争经济发展的要素，如资本、劳动力等。虽然地方政府在一个统一的概念上控制了经济发展的所有要素，但具体到不同的地方政府之间是存在差别的。在统一的全国市场范围内，这些经济要素可以自由流动，因而地方政府之间需要展开竞争。

官员晋升的政治锦标赛的制度特征，对我国企业进行社会责任决策和投资有着重要的影响。这是因为企业进行社会责任投资，会增加企业的成本支出，损害短期经济利益。如果一个地区对企业社会责任方面的要求比较高，企业额外负担的成本较高，企业所能获得利润减少，就会降低该地区对企业的吸引力。资本撤出或不进入，使得地区短期内经济发展速度下降，导致政府官员在政治晋升竞争中处于劣势地位。就晋升激励而言，地方政府官员通常只关心单纯的经济发展速度，对辖区内企业的社会责任水平并不过多关心。以生态环境保护为例，为了追求较高的 GDP 增速，地方政府官员通常不关心经济发展带来的环境破坏成本，很多情况下甚至会忽视、保护企业的环境破坏行为以换取经济增长，这导致企业环境污染行为得不到控制。各地重大恶性环境污染事件层出不穷，如松花江污染、紫金矿业污染、云南铬污染等。根据国家环境保护总局和国家统计局联合发布的《中国绿色国民经济核算研究报告(2004)》，2004 年全国因环境污染造成的经济损失高达 5 118 亿元，为当年 GDP 的 3.05%。

2.1.4 法律体系与法律执行

我国已经进入了法制社会，各项法律法规正在不断完善和健全，有效地保障民众的权益。从我国出台的各项法律法规来看，法律体系丝毫不比西方发达国家差，但我国目前法律制度的一个很大的缺陷在于执行力较弱，这极大地削弱了我国法律体系的效力。例如，我国资本市场的法律和法规体系的完备程度堪称世界第一，同时具有北美和欧洲等发达国家等监管制度，但是资本市场的舞弊违规案件仍然层出不穷，说明根源并不是在法律本身，而是在法律执行上。我国法律执行比较弱，主要表现在政府权力大于法律、关系人情大于法律，甚至金钱大于法律等。结合本书的研究，尤其是政府权力大于法律时，会对企业社会责任的决策产生重大影响，这点在企业环境投入和环境保护方面尤为明显。下面本书将单独对我国企业环境保护法律体系及其执行进行简单的介绍。

事实上，我国政府早在1979年就开始着手制定环境保护方面相关的法规，《中华人民共和国环境保护法》（以下简称《环境保护法》）于1989年生效，同时我国也出台了一系列与环境保护相关的法律法规。我国环境保护法律法规体系主要由以下几个方面构成：宪法、刑法、环境保护基本法、环境保护单行法、环境保护相关法、环境保护行政法规、环境保护部门规章、环境保护地方性法规和地方政府规章、环境标准、国际环境保护公约等。环境保护基本法主要是1989年生效的《环境保护法》，环境保护单行法则包括《中华人民共和国土地管理法》、《中华人民共和国水土保持法》、《中华人民共和国水污染防治法（修正）》、《中华人民共和国大气污染防治法》、《中华人民共和国固体废物污染环境防治法》、《中华人民共和国环境噪声污染防治法》、《中华人民共和国节约能源法》、《中华人民共和国环境影响评价法》、《中华人民共和国海洋环境保护法》。环保法规则是由国务院颁布的一些规章，如《中华人民共和国水土保持法实施条例》、《中华人民共和国水污染防治法实施细则》等。除此之外还有很多地方性的法规和规章，如《广东省建设项目环境保护管理条例》、《广东省执行国家机动车辆废气排放标准施行办法》等，全国共计近千项。同时，我国也积极参与国际环境保护公约，包括：与保护臭氧层有关的国际环保公约、控制危险废物越境的公约、《濒危野生动植物物种国际贸易公约》、《生物多样性公约》、《生物安全议定书》、《卡特赫纳生物安全议定书》、《联合国气候变化框架公约》等。我国环境保护法律法规体系比较完善，但我们面临的一个重要问题是环境保护法律法规的执行。

如同上一小节讨论的那样，我国政府官员晋升是采用政治锦标赛的制度。Li and Zhou（2005）指出，当简单的GDP指标作为判断政治锦标赛输赢的重要指标时，为了赢得锦标赛，地方政府官员倾向放松环境保护标准而加快地区经济增长。在我国现行的法律环境下，政府权力要高于法律执行，在政府官员的晋升激励下，很多环境保护法律法规成为一纸空文，缺乏强有力的执行与监管，这导致了我国生态环境被巨大地破坏。2005 年 3 月 4 日发布的《中国环境危机》指出："……我们每增加 1 元的生产总值消耗的能源是世界平均水平的 4 倍，是日本的 6 倍。我国生产一吨钢耗水是国际先进水平的 10 ~ 40 倍，开采一吨原油耗水是国际水平的 6 ~ 26 倍，生产一吨纸耗水是国际水平的 3 ~ 10 倍；企业的高消耗、落后的生产方式必然导致高污染。我国钢铁每年多耗煤 6 000 万吨，多产生 90 万吨二氧化硫、60 万吨烟尘；火力发电每年多消耗 5 000 万吨标准煤，多产生 140 万吨二氧化硫、1 500 万吨烟尘。"① 根据中国科学院牛文元教授的计算，中国经济成长的 GDP 中，至少有 18% 是依靠资源和生态环境的"透支"获得的，这种代价至今仍存在于我们的经济发展之中②。

当环境问题日趋严重时，中央政府逐步意识到环境保护问题对我国未来发展的重要意义，这一问题正逐步得到改善，国家投入的环境治理费用也迅速增加，根据国家公布的历年《全国环境统计公报》，2001—2007 年全国环境污染治理投入逐年增加，2007 年投入的环境治理费用是 1981 年的 135 倍。2006 年 10 月，中共中央十六届六中全会确立构建"社会主义和谐社会"的目标，要求实现"资源利用效率显著提高，生态环境明显好转"。2007 年中共十七大把建设资源节约型、环境友好型社会写入党章，把建设生态文明作为一项战略任务首次明确下来，标志着环境保护进入了国家经济政治社会生活的主干线、主战场和大舞台。2012 年中共十八大报告中提出要加快生态文明建设，明确了我国未来环境保护和可持续

① 胡星斗．中国改革开放 30 年的成就与问题总结［EB/OL］．［2008-10-16］．http：//view. news. qq. com/a/20081016/000038. htm.

② 朱四倍．我们怎样才能拒绝"带血的钱"？［J/OL］．中国青年报，［2007-11-13］．http：//opinion. people. com. cn/GB/6520518. html.

发展的目标。因此，中央政府有着加强环境保护的诉求，这将对地方政府形成政治压力。这种情况下反而能够加强环境保护法律的执行，从而保护我国脆弱的生态环境。

综上所述，我国转轨时期的以下制度特征对本文的研究具有重要意义：第一，中央政府及地方政府控制了所有的要素，政治干预成为市场中一个重要的制度特征，在很大程度上影响着企业的经营决策，包括企业的社会责任决策；第二，政治干预带来权力寻租，无论企业还是个人都会为了自身的利益，从而向政府官员进行寻租，社会责任可能成为寻租的途径或者寻租的对象；第三，在高度集中的政治体系中，地方政府官员的升迁由中央政府控制，以地区经济绩效作为考核官员晋升的重要指标，地方政府官员在晋升激励下，选择最为符合自身利益的政策，从而影响企业的社会责任行为；第四，中央政府对于企业社会责任的政策并非一成不变，会发生变化，这种变化会对地方政府形成政治压力，进而影响辖区内企业的社会责任水平。

2.2 我国企业社会责任的理论构建

2.2.1 政治寻租与企业社会责任

2004 年 9 月，中共中央十六届四中全会《中共中央关于加强党的执政能力建设的决定》（以下简称《决定》）首次完整提出“构建社会主义和谐社会”的概念，《决定》将其正式列为中国共产党全面提高执政能力的五大能力之一。2005 年 2 月，中共中央总书记、国家主席、中央军委主席胡锦涛在党中央举办的省部级主要领导干部提高构建社会主义和谐社会能力专题研讨班的开班式上作了重要讲话，着重强调了构建社会主义和谐社会。2005 年 10 月，中共中央十六届五中全会上，再次强调突出构建社会主义和谐社会的目标。2006年10月，中共中央十六届六中全会审议通过了《中共中央关于构建社会主义和谐社会若干重大问题的决定》，明确了2020年构建社会主义和谐社会的目标和主要任务，至此，构建社会主义和谐社会成为中国共产党、中央政府的重要的、具有战略意义的执政政策。

对比十六大提出的构建社会主义和谐社会的目标、主要任务与公司社会责任所涵盖的内容在很多方面比较一致，见表2-1。例如，构建社会主义和谐社会提到“社会就业比较充分，覆盖城乡居民的社会保障体系基本建立”，这与公司社会责任中员工的责任有关，而“资源利用效率显著提高，生态环境明显好转”的目标则与环境保护和可持续发展方面的要求密切相关。2008年11月22日，胡锦涛主席在亚太经济合作组织（APEC）第十六次领导人非正式会议上提出：企业应该树立全球责任观念，自觉将社会责任纳入经营战略，遵守所在国法律和国际通行的商业习惯，完善经营模式，追求经济效益和社会效益的统一。这是在金融危机发生后，我国高层领导人首次正式阐述中国政府对企业社会责任的立场，以及企业社会责任与促进经济社会健康稳定发展的关系。国家领导人的态度说明了在国内的社会环境中公司社会责任已不仅仅是企业自身经营决策的经济问题，更加上升为战略发展层面上的政治问题，公司社会责任成为了我国政治氛围中的重点与热点问题。这从2006年以来政府出台的一系列法律法规可以得到体现①，与西方发达国

① 2006年1月，新公司法开始生效，其明确提出，“公司从事经营活动必须遵守法律、行政法规，遵守社会公德、商业道德，诚实守信，接受政府和社会公众的监督，承担社会责任”，这是我国首次将社会责任以法律形式明确下来。2006年9月，深圳证券交易所发布《上市公司社会责任指引》，强调“为了落实科学发展观，构建和谐社会，推进经济社会可持续发展，倡导上市公司承担社会责任”而制定该指引。2007年6月发布，2008年生效的《中华人民共和国劳动合同法》更加强调对员工利益的保护。2008年1月，国资委出台《关于中央企业履行社会责任的指导意见》，要求央企重视并承担社会责任。2008年12月，上海证券交易所发布《关于做好上市公司2008年履行社会责任的报告及内部控制自我评估报告披露工作的通知》，要求“上证公司治理板块”样本公司、发行境外上市外资股的公司及金融类公司要发布社会责任报告。

家所不同的是，我国公司社会责任的发展并非企业的一种自主行为，更多地体现了中央政府的意志。

表2-1　**社会主义和谐社会与公司社会责任主要内容的比较**

构建社会主义和谐社会	公司社会责任
社会主义民主法制更加完善，依法治国基本方略得到全面落实，人民的权益得到切实尊重和保障	重视人权
社会就业比较充分，覆盖城乡居民的社会保障体系基本建立	劳工标准及对员工的责任
全民族的思想道德素质、科学文化素质和健康素质明显提高，良好道德风尚、和谐人际关系进一步形成	好的公司治理和道德标准
全社会创造活力显著增强，创新型国家基本建成	企业发展与技术创新
资源利用效率显著提高，生态环境明显好转	环境保护及可持续发展

注：构建社会主义和谐社会目标和主要任务源于中共中央十六大《中共中央关于构建社会主义和谐社会若干重大问题的决定》文件，而公司社会责任源于联合国2000年7月发起的“全球契约”以及现代公司社会责任理论的主要内容。

在我国现行的“政治锦标赛”的制度体制下，当公司社会责任成为中央政府（上级政府）关注的热点，提升到战略发展层面的高度，公司社会责任可能部分成为最近一段时期的官员晋升锦标赛的竞赛标准，如将绿色 GDP 纳入地方政府的考核体系等，这将使政府官员有社会责任方面的压力。全力发展和推广公司社会责任符合上级官员的要求，有利于提升自身的政绩，辖区内企业承担社会责任的情况在很大程度上会影响到政府官员的政治利益。各级地方政府为了在竞赛中获胜，会不遗余力地推动辖区内企业在社会责任方面加大投入，提升社会责任水平，发布社会责任报告等。可以观察到，随着中央政府对公司社会责任的重视，地方各级政府纷纷出台相应法规，宣传公司社会责任理念，要求地方企业重视社会责任。2009 年 1 月，上海市实施我国第一个《企业社会责任》地方标准，2009 年 10 月，杭州市人民政府发布《关于加强企业社会责任建设的意见》，对推动企业社会责任提出明确要求和规范。2009 年 12 月 28 日，南京市政府颁布实施《企业社会责任》地方标准。因此，和谐社会目标的提出与官员晋升锦标赛为官员推动公司社会责任的发展提供了必要的政治制度基础。

既然倡导公司社会责任符合政府官员的利益，官员会愿意利用手中掌控的权力与资源，来获取（或换取）辖区内企业提升公司社会责任水平，直接或间接地要求企业更多地承担公司社会责任、披露社会责任报告，甚至是过度地追求社会责任，即便以牺牲企业未来发展也在所不惜。根据前文对政治寻租的分析，在现行的政治生态与政治氛围下，公司社会责任成为企业向政府官员进行寻租的重要途径，企业为了达到自身的目的会倾向通过加大社会责任投资提升企业社会责任水平，并且通过发布社会责任报告来与政府官员进行沟通协调，以协助政府官员在晋升锦标赛中获胜，而政府官员则给予不同方式的回报，如非国有企业可以获得政府的政策资源带来的超额回报，而国有企业的高管本身作为晋升锦标赛的参赛者则直接获得晋升的回报。根据本书的理论，我国的企业社会责任行为不同于西方企业的实践，并非企业一种自发的决策，更多地表现为由上至下政府推动的结果。在现行转轨经济的政治体制和经济体制下，我国的企业社会责任决策与投资，无法被新古典经济学理论所解释，不单纯是企业从合法性的角度考虑的决策，也并非企业考虑各利益相关者的利益后一种慈善的、伦理的行为，比较符合政治经济会计学的理论框架，可以看作是新兴市场中政府的政治干预下企业进行政治寻租的行为。

分析2001—2010年我国企业发布公司社会责任报告的趋势，可以为本文的论断提供证据支持。表2-2显示2001—2005年企业发布社会责任报告仅24份，而2006年一年时间就发布了33份社会责任报告，这恰好与构建和谐社会目标确立的时间一致。而2008年由于国家领导人的重视、众多法律法规的颁布以及强制披露要求的出台，共有169家企业发布社会责任报告，超过以往7年的总和，2009年社会责任报告的发布飙涨至582份，2010年社会责任报告的发布更是达到663份。对比我国公司社会责任报告的披露趋势与中央政府关于和谐社会、社会责任等政策方针制定与法规出台时间，可以看出两者之间存在很强的相关性，这在一定程度上证明了我国社会责任报告更多地体现为政府的行政干预下企业进行政治寻租的结果，是一种由上至下的过程。

表2-2　　**社会责任报告发布趋势**

年度	2001—2005年	2006年	2007年	2008年	2009年	2010年
发布社会责任报告的份数	24	33	94	169	582	663

资料来源　孙继荣．中国社会责任发展的现状和机遇［J］．WTO经济导刊，2010（6）；中国企业社会责任报告研究2010［J］．WTO经济导刊，2011（1）．

2.2.2　所有权结构的影响

鉴于国有企业与非国有企业的效用函数分布、政治干预强度、政治寻租动机等方面的差异，两者在公司社会责任方面的决策过程、影响因素和经济后果有着很大的不同，应当分别进行讨论。寻租理论表明，国有企业与非国有企业在政治寻租上的差异主要体现在以下两个方面：第一，从动机来看，国有企业的高管是为了在晋升锦标赛中获胜而进行寻租，而非国有企业的高管则是为了获取政府手中政策性资源带来的经济利益进行寻租；第二，从寻租成本来看，国有企业高管一般很少持有企业股份，为了自身晋升的寻租行为带来的成本完全由企业负担，非国有企业高管一般持有公司较大比例的股份，获取政府政策性资源的寻租成本需要由高管部分负担，因此非国有企业高管会在寻租利益与负担的寻租成本之间权衡。

国有企业和非国有企业在寻租动机和寻租成本之间的差异会导致企业进行公司社会责任投入方面的不同决策。就国有企业而言，最大程度完成政府部门的政治目标和体现政府官员的意志符合高管的利益，这表现为国有企业会大力进行社会责任投资，更充分、更完备地披露社会责任报告，由此带来的成本并不在决策范围内，因此国有企业的社会责任报告的内容更丰富、形式更规范，会超过企业进行信息披露的最优水平。在短期来看，企业进行社会责任报告披露需要增加企业成本，这在一定程度上损害了股东当期利益，非国有企业没有动机去主动披露社会责任报告。Shleifer and Vishny（1994）指出当高管（私人）控制企业的时候，官员会用补贴、贿赂等手段让企业行为满足其政治目标，而这些补贴、贿赂可以是政府管制下产生的“租金”。因此，非国有企业的社会责任投资更多地是一种成本收益的权衡，对于企业来说存在一个最优投入的“度”，西方的战略性社会责任理论能够在一定程度上适用于我国非国有企业的社会责任投资决策，但值得注意的是，两者追求的经济利益的方式和途径存在较大差异，影响非国有企业进行社会责任投资和水平的因素及经济后果与西方的研究结论大相径庭。

目前国有与非国有企业在社会责任报告上的不同表现，也佐证了本书的推断。从发布公司社会责任报告企业的所有制来分析，国有及国有控股公司发布社会责任报告的数量仍然占大多数。中国企业报社 2010 年 6 月 19 日在 2010 中国企业社会责任年会上发布的《2010 年中国企业社会责任发展报告》中通过问卷调查方式对企业进行社会责任方面的研究，从问卷回收情况看，国有企业占的数量最多，占总数的47%，外商投资企业占36%，民营企业占17%，并且披露公司社会责任报告的企业也以国有企业为主①。在国有企业中，尤其是中央企业的社会责任报告无论从数量来讲，还是从报告的基本结构、实质内容、报告规范性来讲，都表现卓越，并得到国内外的认可。这是因为构建和谐社会、发展公司社会责任是中央政府的重要政策方针，央企受中央直接控制，其政治干预强度与高管的政治寻租动机最强，披露公司社会责任报告的动机也最为强烈。此外，央企以其控制的庞大资源和经济实力，也为公司社会责任投资与信息披露提供了强有力的支持。2006年，国家电网公司发布了我国央企首份企业社会责任报告。截至2010年7月10日，125家央企中共有45家累计发布了100份社会责任类专门报告(许家林、刘海英，2010)。央企在社会责任报告的披露范围、披露规范和披露内容等方面，都要优于非国有企业的表现。央企对于国资委2008年1月出台《关于中央企业履行社会责任的指导意见》的积极回应，或者说寻租，可以很好地解释央企在社会责任报告上的优异表现，证明了寻租理论的适用性。

① 2010年中国企业社会责任发展报告［EB/OL］.［2010-06-22］. http://money.163.com/10/0622/10/69PDD0IH00254CJS.html.

3 政治干预与企业社会责任

Aguilera et al.（2007：837）指出在公司社会责任研究中需要深入讨论的一个重要问题是“什么因素促使企业不断地进行社会责任的投入”。前人研究（Chapple and Moon，2005；Deniz-Deniz and Garcia-Falcon，2002；Graves and Waddock，1994；Johnson and Greening，1999；Muller and Kolk，2009；Roberts，1992；Stanwick and Stanwick，1998；Zu and Song，2009）发现企业社会责任与公司规模、盈利能力、公司治理、负债水平、员工规模、行业和环境压力等有关，环境压力包括股东的需求、法规监管或媒体压力。其中，Graves and Waddock（1994），Johnson and Greening（1999）发现企业社会责任与公司股权结构相关。同样的，Keim（1978），Ullmann（1985）和 Roberts（1992）基于发达国家的制度背景下也发现企业社会责任报告与公司股权结构存在正相关关系（Ge and Thomas，2007；Lam et al.，2008；Whitcomb et al.，1998）。考虑到发达国家与发展中国家制度环境的差异，民众对于社会责任的感受和决策方面的差异，以下一些问题尚未得到回答：在中国这样的转轨经济国家中，公司所有权结构是否会影响企业社会责任水平？基于国外发达国家研究所发现的那些影响企业社会责任水平的因素是否也会影响我国企业的社会责任水平？（Ge and Thomas，2007；Lam et al.，2008；Whitcomb et al.，1998）

还有一组文献讨论了企业社会责任与企业业绩之间的关系，总体而言，众多研究发现在发达国家的环境中，较高的社会责任水平会增强公司的盈利能力（Orlitzky et al.，2003）。同样的，在以中国为代表的新兴市场中，我们还不清楚企业社会责任是否会提升企业业绩。前面我们关注企业的所有权结构对社会责任水平的影响，因此，所有权结构是否会影响企业社会责任与企业业绩之间的关系？基于我国上市公司的二元所有权结构，使得上市公司的所有权结构可以成为衡量来自于政治干预的水平，因此，本章将主要以我国上市公司所有权结构为切入点，考察政治干预是如何影响我国上市公司社会责任水平的，进一步考察政治干预是否会调节企业社会责任与企业业绩之间的关系。

利用上海国家会计学院发布的中国上市公司社会责任指数，本书发现对于国有企业而言，股权集中度与企业社会责任水平正相关，而就非国有企业而言关系则反过来。进一步的检验发现地区经济水平与国有企业社会责任正相关，考虑到在经济发达的地区政治干预程度较低，结果表明政治干预水平确实影响了我国企业社会责任水平。此外，结果也发现公司规模、盈利能力、员工权力、负债水平和发展机会同样也会影响我国的企业社会责任水平。对企业社会责任与企业业绩的分析表明，国有企业中社会责任水平与企业业绩呈现负相关关系，而非国有企业中社会责任水平与企业业绩呈现正相关关系。社会责任水平与企业业绩之间的关系同样也证明了政治干预理论的适用性。

本章的研究对于文献可能有以下的贡献：第一，本章在我国新兴市场的制度环境下直接检验了所有权与企业社会责任之间的关系，结果表明在我国这样一个国有股权比较重要的资本市场中，所有权结构对于企业社会责任来说有重要影响；第二，本章也较为全面地研究了影响企业社会责任水平的因素，即基于发达国家制度环境下的文献所发现的公司规模、盈利能力、员工权力、负债水平和发展机会等因素也会影响我国的企业社会责任水平；第三，本章也检验了我国社会责任水平与企业业绩之间的关系，并且考虑了所有权结构对于这两者关系的调节作用，对于研究社会责任与企业业绩之间的文献有所贡献；第四，本章的研究结论对于国有股权比较重要的其他新兴市场国家，如新加坡、马来西亚、澳大利亚、芬兰等（Claessens et al.，2000；Faccio and Lang，2002）有借鉴和参考意义。

3.1　研究假设

现有的文献发现公司的所有权越分散，公司的社会责任水平越高（Keim，1978；Ullmann，1985）。Keim（1978）认为当公司的所有权结构变得分散时，股东对于企业的要求会变得更加广。分散的企业所有权结构，尤其股东更多包含参与公司社会活动的投资者时（如社会责任共同基金、道德的投资者等等），增强了公司高管披露社会责任活动的压力（Ullmann，1985）。还有研究发现企业社会责任与持有公司股票的机构投资者数量（Grave and Waddock，1994）以及机构投资者的持股比例正相关（Johnson and Greening，1999）。

根据第二章的分析，由于受到的政治干预水平和本身的动机不同，不同所有权类型的企业在进行社会责任决策时存在较大差异，在此本书也分两种企业进行理论分析。我国的非国有企业同样遵循企业价值最大化的目标，因此，非国有企业的股权结构与社会责任之间的关系与西方成熟市场中的企业类似。对于我国非国有企业而言，代理理论适合用于解释公司股权结构与社会责任的关系。中国资本市场由于较为集中的股权结构和股权分置改革前大股东受限制的转让权，大股东控制成为公司治理的主要特征，第二类代理问题起了决定性作用。Jiang et al.（2010）发现中国上市公司的大股东会通过与公司的往来账款进行利益输送。Jian and Wong（2010）发现中国集团控制的公司更倾向通过关联交易来进行盈余操纵输送利益。李增泉等（2004）发现第一大股东持股比例与大股东资金占用之间存在非线性关系，同样支持了大股东的代理问题。考虑到第二类代理问题，当公司大股东为了自身利益侵占中小股东利益时，会损害其他利益相关者的权益，从而降低公司社会责任水平。因此，当公司的中小股东得到比较好的保护时，企业的社会责任水平比较高（Johnson and Greening，1999；See，2009）。企业的第二类代理问题的严重程度与公司的股权集中度密切相关，很明显，公司股权集中度越高，大股东对于公司的控制力越强，越容易为了自身的利益去侵害中小股东的利益。综上所述，对于我国非国有企业而言，公司的股权集中度与社会责任水平负相关。

国有企业与非国有企业的情况不同，这是因为国有企业天然会受到来自政府的压力影响，因此，在社会责任上的表现也会有差异。根据第二章的分析，当企业受到来自政府的较大压力时，企业高管会做很大的努力来满足政府的需要。对于国有企业而言，最大的股东就是政府本身，它有着强烈动机转移企业的财富来维持社会的稳定（Bai et al. 2006），这将间接地提升国有企业的社会责任水平。例如根据最近的新闻报道，“财政部门正在会同国资委等部门研究制定提高中央企业国有资本收益提取比例，同时优化支出结构”，国务院日前批转的《关于深化收入分配制度改革的若干意见》（以下简称《意见》）指出：适当提高中央企业国有资本收益上缴比例，“十二五”期间在现有比例上再提高 5 个左右百分点，新增部分的一定比例用于社会保障等民生支出①。其中，《意见》明确指出央企上缴的国有资本收益新增部分用于社会保障等民生支出，这与公司社会责任有关。在国有企业中，国有股比例上升会使

① 陈岩鹏．央企上缴红利比例酝酿普遍上调 或将提 5 个点［J/OL］．华夏时报，［2013-02-16］．http：//www. yicai. com/news/2013/02/2490049. html.

得企业高管有更多的动机去追求与政府政策相关的非经济目标，如基础建设的发展、地区财政困难和降低失业率等，而这些社会的、政治的目标会对国有企业施加压力来追求较高水平的公司社会责任（See，2009）。Roberts（1992）发现政治干预确实会提高企业社会责任披露水平。而Tian and Estrin（2008）提供的关于中石化的例子中，1998年中石化的核心业务雇佣了38 000名员工，当它尝试解雇17 000名员工时，其政府股东或者阻止这一行为，或者强迫中石化为这些员工另外找工作。尽管迫使企业增加社会责任方面的支出会降低企业价值，但这会满足政府的政治利益，从而国有企业的社会责任水平比较高。基于上述分析，在此提出本章的第一个假设：

假设1a：对于国有企业来说，企业的所有权集中度与公司的社会责任水平正相关；

假设1b：对于非国有企业来说，企业的所有权集中度与公司的社会责任水平负相关。

除了企业所有权结构外，本书还采用了另外一个指标，即地区经济发展水平，来检验不同所有权类型企业中政治干预与公司责任之间的关系。Jones（1999）的理论分析认为一个社会或地区经济水平越发达，企业社会责任披露越盛行。这是因为越是发达的地区，其拥有的资源水平越高，对社会责任问题的认识越清晰，从而会导致更高水平的公司社会责任水平。基于上述分析，很显然亚洲国家在公司社会责任方面的表现要落后于西方发达国家（KPMG，2005；Welford，2004）。对于发达国家来说，上述理论显而易见具有适用性，但对于发展中国家来说却不一定。这是因为像中国这样的发展中国家，经济水平发展程度不高，有自己独特的制度特征，这些都使得与商业伦理有关的企业形象、商业关系中的道德准则、公司治理、政府责任、社会责任治理机制等一系列因素对企业的社会责任有更为重要的影响（Chapple and Moon，2005）。基于上述分析，这可能使得地区经济发展和企业社会责任之间的正相关关系在发展中国家不一定存在。例如，Chapple and Moon（2005）对于亚洲七国的比较研究发现企业社会责任水平与地区人均 GDP 之间没有显著的关系。

在我国这样一个转轨经济国家中，与西方发达国家不同的是，地区的经济发展程度很可能反映了地区政府对于辖区企业的政治干预水平，而非企业自身的资源约束条件。在我国过去 30 多年的改革开放和市场转轨过程中，经济一直高速增长，而我国经济转轨被认为是通过地区分权、非国有企业的发展、二元金融体制（Financial Dualism）带来的金融改革以及双轨制下的市场改革（Dual-track Approach to Market Liberalization）等举措来改革政府的过程（Qian，2000）。改革的实质是政府通过对国有企业进行放权让利，减少对企业的行政干预。如果从整个宏观经济来看，我国的改革是在减少政府对经济领域的干预，譬如说鼓励私营经济的发展。可以这么说，正是由于政府对经济和企业的行政干预的减少解释了中国的高速经济增长。事实上，代表着政府分权化和行政干预程度的私营经济部门，在过去 30 多年中要比我国经济的其他部门（包括国有经济部门和上市公司部门）发展得更好，并且提供了我国经济增长的主要动力（Allen et al.，2005）。而关于政府干预与企业业绩关系研究的文献也同样支持上述结论。结合上述分析，我们预期我国地区的经济发展水平和政府干预程度之间存在负相关关系。结合假设 1 的讨论，基于不同产权性质企业的政治干预程度与公司社会责任间关系的分析，本书提出了以下假设：

假设 2a：对于国有企业来说，地区经济发展水平与公司社会责任水平负相关；

假设 2b：对于非国有企业来说，地区经济发展水平与公司社会责任水平不存在显著相关关系。

关于企业社会责任和企业业绩关系的文献指出，企业进行社会责任活动的好处包括处理环保方面的事件、降低浪费和风险、促进与社区（社会）的关系以及减少监管活动的影响等。基于美国等发达国家的理论分析和经验证据支持以下观点：社会责任使得公司采取恰当的行动来提升社会行为、推进社会目标，创造股东财富或遵循法律与监管规定（Mackey et al.，2007；Orlitzky et al.，2003）。主动的社会责任活动会将公司的责任和义务拓展到它的所有利益相关者。公司社会责任活动应该被计量以及向公众披露，如同企业财务活动被计量和被披露一样。总体而言，大部分学者认同在发达国家中，企业社会责任活动与财务业绩之间存在正相关关系。

与西方发达国家企业类似的是，我国非国有企业的社会责任活动绝大部分也是由策略性动机（Strategic Motivations）推动的，也是出于经济方面的考虑的。当来自政府的政治干预下降时，我国的非国有企业中公司社会责任决策和社会责任—企业业绩关系的模式与发达国家企业比较类似。基于前面的社会责任—企业业绩关系文献的回顾与分析，本书预期就我国的非国有企业而言，公司社会责任水平和公司财务业绩之间存在正相关关系。

如前文分析的那样，较高比例的政府持股会对公司高管产生压力，促使他们为了政府政策非财务目标而努力，例如基础设施的建设、地区财政安全和就业率的问题等，这些社会的和政治的目标会使得公司投资于社会责任活动。我国政府有明确的动机鼓励公司提升社会责任水平。早在 2008 年，国资委就发布了社会责任指引，要求央企理解社会责任的重要性，并且提升社会责任水平。

有关所有权结构对于公司业绩影响的文献认为，政治干预通常会以损害公司盈利能力为代价（Boycko et al.，1996；Megginson and Netter，2001），即使这能够带来较高的社会责任水平。Acemoglu and Johnson（2005）基于跨国的经验研究证据表明，当一个国家产权保护较弱、对于来自政治家的剥削保护不力时，该国平均资本收益较低、投资率较低，并且资本市场较不发达。而以中国上市公司数据为基础的一些研究同样支持上述结论。Sun and Tong (2003) 发现国有股权对于公司业绩有负面的影响。Wei et al. (2005) 研究认为国有和机构投资者持股与公司业绩（Tobin's Q）负相关。Fan et al. (2007) 则发现与非政治关联的公司相比，政治关联的公司有着较差的会计业绩和市场回报。Dougherty and McGuckin (2008) 分权管理是中国经济生产效率的一个关键因素。根据上面文献的分析可以认为国有股权对于企业业绩是有损害的，这是因为国有股东会转移公司财务来满足其政治目的。综上所述，政治干预程度与公司社会责任水平正相关，而对于公司业绩有负面的影响，这与文献中所分析的社会责任—公司业绩之间的正向关系有所不同。因此，本书预期对于我国的国有企业来说，考虑到政治干预对于公司行为有更多的影响，社会责任与公司业绩之间存在负相关的关系。基于上述讨论，本书提出假设3。

假设3a：对于国有企业来说，社会责任水平与公司业绩负相关；

假设3b：对于非国有企业来说，社会责任水平与公司业绩正相关。

3.2 研究设计

3.2.1 样本与数据来源

2008 年 12 月 24 日，上海国家会计学院发布了一套关于中国上市公司的社会责任指数，提供我国每家上市公司的社会责任分数和排名。这使得我们的研究相对于现有文献而言，有了更大的样本规模（Gao，2009；Zu and Song，2009）。上海国家会计学院的社会责任指数是根据社会责任国际（Social Accountability International）

组织发布的 SA8000 标准构建的，发布社会责任指数的主要目的是鼓励中国上市公司进行更多的社会责任披露，提升公司价值。上海国家会计学院的社会责任指数将 36 个问题分为 8 类：环境问题类、节约能源类、员工问题类、雇佣和提拔公平问题类、社会问题类、消费者问题类、其他利益相关者问题类、遵守法律和商业道德类。具体的指标构成如图 3-1。

本书认为上海国家会计学院的社会责任指数提供了对企业社会责任较为全面的反映。该指数包含了文献中所研究的企业社会责任活动的绝大部分维度，因此能够整体上反映公司社会责任水平，而避免对社会责任单一维度衡量的缺陷（Waddock and Graves, 1997）。该指数对所有的上市公司都进行了评分，使得我们可以有一个较大的样本进行多元回归分析。本书在此采用的样本比现有研究企业社会责任影响因素和经济后果文献所采用样本要大很多（Cheung et al.，2010；Gao，2009；Zu and Song，2009；Zhang and Rezaee，2009），相对来说也更加综合与客观，从而能够提供更为可靠的经验证据和对文献有更大的贡献。

在进行实证研究的时候，本书对不同的研究假设采用了不同的样本，其中对于我国上市公司社会责任影响因素的检验（假设 1 和假设 2），本书将样本限定在制造业的上市公司当中。这是因为行业的特征会影响到公司社会责任决策和水平，已有实证研究也发现行业是在跨行业分析中重要的变量。例如，Beliveau et al.（1994）发现公司社会责任水平以及与公司盈利能力的关系随着行业变化而不同。因此，如果我们想要较为清晰地考察影响我国企业社会责任活动的因素，应当将研究样本限制在一个特殊行业当中（Rowley and Berman，2000），这也许是本书对于文献的一个小贡献。基于上述讨论，对于假设 1 和假设 2 的分析，我们最终选择了 867 个样本，是当年中国所有上市公司的 56%，并具有上海国家会计学院的社会责任指数指标。在这 867 个样本当中，其中 175 个样

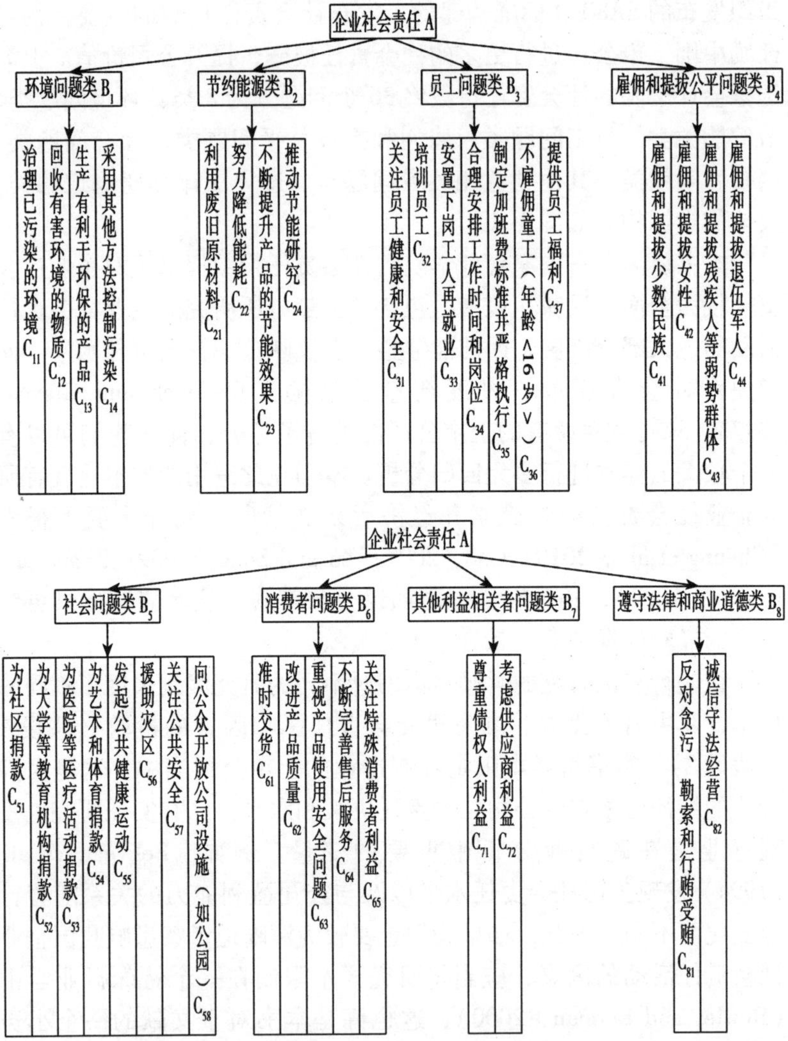

图 3-1　上海国家会计学院社会责任指数指标构成

本存在缺失的财务数据或者是所有权结构数据，这使得本书的研究样本为 692 个。

为了考察我国上市公司社会责任水平与企业业绩的关系，本书以上海国家会计学院的社会责任指数为核心指标，采用了两年（2008—2009 年）的社会责任和公司业绩数据来检验假设 3。其中我们采用了所有在上海证券交易所和深圳证券交易所上市的公司样本，包括全部行业的公司，考虑到众多研究企业业绩的文献，还是将所有行业的公司纳入分析，将行业作为控制变量，本书在此也遵循现有文献的研究范式。为了检验假设3，本书最后得到3 074公司年度变量，其中1 537个是上市公司。考虑到金融上市公司与其他行业公司在资本结构、商业行为方面的差异，我们删除了87个金融行业上市公司的样本。在剩余的观测中，有274个观测财务数据和所有权数据有缺失而被删除，最后得到我们的总样本为2 713个。我们的财务和所有权数据来自于万德数据库。

3.2.2 研究模型

为了检验假设 1 和假设 2，本书结合现有文献的研究模型，构建了以下模型进行回归分析：

$$CSR_i = \beta_0 + \beta_1 Control_i + \beta_2 Per\ GDP_i + \beta_3 ROE_i + \beta_4 Total\ Asset_i + \beta_5 Institutional\ Ownership_i + \beta_6 Employee_i + \beta_7 Leverage_i + \beta_8 Tobin's Q_i + \varepsilon_i \quad (1)$$

其中，CSR_i是上海国家会计学院对于公司 i 的社会责任指数评分；$Control_i$为公司 i 披露于 2007 年报中第一大股东的持股比例；Per GDP_i为公司 i 所在省份 2007 年的人均 GDP 的自然对数；ROE_i为公司 i 2007 年的净资产收益率；Total $Asset_i$ 为公司 i 2007 年的总资产的自然对数；Institutional $Ownership_i$ 为公司 i 2007 年的机构投资者持股比例；$Employee_i$ 为公司 i 2007 年的员工人数除以公司总资产；$Leverage_i$ 为公司 i 2007 年的资产负债率，等于公司的总负债除以公司的总资产；Tobin's Q_i 为公司 i 2007 年的托宾 Q 值，等于公司的总负债加上公司的股票市值除以公司的总资产。

本书利用第一大股东持股比例来衡量公司的股权集中度，为了保证回归结果没有受到公司其他特征的影响，本书还根据现有文献的研究增加了一系列公司特征的控制变量（Chapple and Moon，2005；Deniz-Deniz and Garcia-Falcon，2002；Johnson and Greening，1999；Muller and Kolk，2009；Roberts，1992；Stanwick and Stanwick，1998；Zu and Song，2009）。公司规模被认为包含了公司许多不同的特征的变量，在很多实证研究中均被证实对公司的社会责任决策和水平有影响（Johnson and Greening，1999；Muller and Kolk，2009；Orlitzky，2001；Stanwick and Stanwick，1998），因此，本书利用公司总资产的自然对数作为公司规模的替代变量，来控制规模经济对于企业社会责任水平的影响（Orlitzky，2001）。有文献证实在公司的财务业绩与公司社会责任水平之间存在正相关关系（Orlitzky，2001；Scholtens，2008），因此，本书预期公司的净资产收益率与社会责任水平正相关，这反映了公司对社会责任活动投资的资源可获得性。本书也控制了机构投资者的持股比例以避免公司治理对于企业社会责任水平的影响（Johnson and Greening，1999）。公司负债水平不仅可以反映公司的资源约束程度，还能够反映债权人对企业社会责任活动的影响力（Roberts，1992），因此资产负债率被包括在本书的模型估计当中。Johnson and Greening（1999）发现公司员工人数对公司社会责任绩效有正向影响，并且在 Deniz-Deniz and Garcia-Falcon（2002）的研究当中也得到了支持。我们将经过资产标准化的员工人数放入模型当中以控制公司员工的影响。参照 Tobin（1969）的研究，有大量的研究公司投资行为的文献均以 Q 理论为基础（Lang et al.，1996；Hubbard，1998），因此，本书将托宾 Q 值作为控制变量以反映公司未来投资机会对于公司社会责任活动的影响。

为了检验假设 3，本书结合现有文献的研究模型，构建了以下两个模型进行回归分析：

$$\text{Accounting} - \text{FP}_i = \beta_0 + \beta_1 \text{CSR}_i + \beta_2 \text{LaggedFP}_i + \beta_3 \text{Sales Growth}_i +$$

$$\beta_4 MKTB_i + \beta_5 Total\ Assets_i + \sum_j \gamma^* Year \sum j + \sum_k \lambda^* Ind \sum k + \varepsilon \quad (2)$$

$$Market - FP_i = \beta_0 + \beta_1 CSR_i + \beta_2 Total\ Assets_i + \beta_3 Firm\ Age_i + \beta_4 Sales\ Growth_i + \beta_5 ROE_i + \beta_6 Current\ Ratio_i + \sum_j \gamma^* Year \sum j + \sum_k \lambda^* Ind \sum k + \varepsilon \quad (3)$$

其中，Accounting-FP 是公司的会计业绩，在此本书以公司当年的净资产收益率（ROE）或者总资产收益率（ROA）来表示；Market-FP 为公司的市场业绩，在此本书以公司年末的托宾 Q 值或者市净率来表示（MBTV）；ROE_i 为公司 i 的净资产收益率，等于公司净利润除以公司权益总额；ROA_i 为公司 i 的总资产收益率，等于公司净利润除以公司总资产；Tobin's Q_i 为公司的总市值加上负债的账面价值除以公司总资产；$MKTB_i$ 为公司 i 年末总市值除以公司权益的账面价值；CSR_i为公司 i 上海国家会计学院社会责任指数评分；$LaggedFP_i$ 为公司上一年度的 ROE 或者 ROA；Total $Assets_i$ 为公司 i 2007 年的总资产的自然对数；Sales $Growth_i$ 为公司每一年度的销售收入增长率；Firm Age_i 等于公司上市年度的自然对数；Current $Ratio_i$ 为公司 i 的流动比率，等于公司流动资产除以流动负债。

在构建假设 3 的检验模型时，本书选择了一系列变量来衡量公司的业绩，同时采用了会计业绩和市场业绩。根据 Griffin and Mahon（1997）研究的统计，ROE 和 ROA 是在文献中最经常用来衡量公司业绩的变量，因此本书对于会计业绩的衡量就采用 ROE 和 ROA 这两个指标。Cheung et al. （2010）的研究中采用了 Tobin's Q 和 MBTV 这两个指标来衡量企业的市场业绩，而 Zhang and Rezaee（2009）以市场调整回报和总回报作为市场业绩的反映。为了使得本书的研究与现有文献对接，还是采用 Tobin's Q 和 MBTV 来反映企业的市场业绩，并且也同时考察公司社会责任水平对于市场调整回报的影响。

同样地，为了避免结果受到公司特征的影响，本书同样加入了很多公司特征的控制变量，参见现有的研究文献（Cheung et al.，2010；Orlitzky，2001；Waddock and Graves，1997；Zhang and Rezaee，2009）。与模型（1）类似，这里也采用公司总资产的自然对数作为控制规模因素的影响。文献发现在社会责任—企业业绩的关系研究当中销售收入具有影响（Waddock and Graves，1997），基于此，本书将销售收入增长率纳入模型中控制销售的影响。已有研究发现市净率与公司未来的 ROE 指标正相关（Penman，1992，1996），而与市场股票回报负相关（Fama and French，1992，1995），因此 MKTB 包括在模型（2）、（3）当中。参照 Zhang and Rezaee（2009）的研究，本书在模型中还控制了滞后一期的会计业绩，考虑到会计业绩变量通常存在自相关影响（Foster，1977），还包括行业虚拟变量以控制行业效应；考虑到中国经济年度增长印象，还包括了年度虚拟变量控制宏观因素对于企业业绩的影响。本书对于控制变量的选取，大体上参照已有的研究所采用的一系列控制变量（Cheung et al.，2010；Guenster et al.，2006；Konar and Cohen，2001）。

3.3 我国上市公司社会责任影响因素研究

3.3.1 描述性统计

表 3-1 是模型（1）研究数据的描述性统计，包括了 692 个观测的财务特征和公司社会责任指数评分的基本分析，并且本书按照国有企业与非国有企业将样本划分为两个子样本，以此为基础对上述变量进行了 Wilcoxon Rank-sum 检验以考察不同子样本间变量的

差异。全样本社会责任指数平均分为31.71分，并且在国有企业和非国有企业子样本间不存在显著的差异。国有企业的第一大股东控制权要比非国有企业的第一大股东控制权高很多（三个指标均在1%水平上显著）。总体来说，国有企业有更大的公司规模、更高的负债水平以及更低的人均GDP、净资产收益率ROE和托宾Q值。在机构投资者持股比例和员工人数两个变量上，国有企业和非国有企业不存在显著的差异。

表3-1 **描述性统计**

变量	均值	标准差	国有企业	非国有企业	差异
CSR	31.710	11.780	31.936	31.324	0.793
Control	0.362	0.146	0.383	0.325	5.097***
Per GDP	10.121	0.563	10.082	10.187	-3.105***
ROE	0.111	0.140	0.103	0.126	-3.454***
Total Assets	21.559	1.078	21.771	21.196	6.544***
Institutional ownership	0.265	0.210	0.272	0.253	1.312
Employee	1.295	0.967	1.240	1.388	-1.301
Leverage	0.498	0.167	0.514	0.471	3.142***
Tobin's Q	3.053	2.038	2.800	3.486	-4.202***

注：*** 表示 $p<0.01$。

表3-2列示了模型（1）中各主要变量的Pearson相关分析。可以看出，社会责任水平与第一大股东持股比例、净资产收益率、公司规模、机构投资者持股比例正相关，同时与人均GDP水平和托宾Q值负相关。这与文献的证据基本一致，并且初步支持了假设2，即地区经济发展水平与公司社会责任水平负相关。

表 3-2 相关性分析

Variable	1	2	3	4	5	6	7	8
CSR	1.000							
Control	0.085 **	1.000						
Per GDP	-0.086 **	0.056	1.000					
ROE	0.159 ***	0.133 ***	0.002	1.000				
Total Assets	0.293 ***	0.266 ***	0.055	0.201 ***	1.000			
Institutional ownership	0.083 **	0.072	0.082 **	0.254 ***	0.194 ***	1.000		
Employee	0.006	-0.055	-0.142 ***	-0.136 ***	-0.293 ***	-0.048	1.000	
Leverage	0.017	0.051	-0.033	-0.018	0.309 ***	-0.032	-0.134 ***	1.000
Tobin's Q	-0.117 ***	-0.040	0.087 **	0.284 ***	-0.336 ***	0.215 ***	0.028	-0.412 ***

注：**，*** 分别表示 $p<0.05$ and 0.01。

3.3.2 实证分析结果

表 3-3 是根据模型（1）进行多元回归分析的结果，可以看到，三个模型的调整 R^2 分别为 0.115、0.135 和 0.146。有趣的是，在国有企业样本中第一大股东持股比例与公司社会责任水平正相关，而在非国有企业中第一大股东持股比例与公司社会责任水平显著负相关，两个系数的显著性均在双尾 5% 的水平上，第一大持股比例对于公司社会责任水平的影响在国有企业与非国有企业中存在显著的差异。表 3-3 还表明对于国有企业样本 Per GDP 与因变量 CSR 之间存在显著的负相关关系，但对于非国有企业样本而言，这两个变量之间不存在显著的关系。从表 3-3 来分析，本书第三章提出的假设 1 和假设 2 均得到支持，意味着区别于西方发达国家的制度环境，在我国这样一个具有转轨经济制度特征的环境下，企业社会责任影响因素的理论框架有所不同。除了一些经济动因外，

如公司盈利能力等，来自政府的政治干预和压力是我国国有企业社会责任决策与投资考虑的一个重要因素。本书的经验证据支持了 See (2009) 所构建的关于中国和谐社会与企业社会责任的理论框架。

表 3-3 企业社会责任、所有权集中度和政治干预的回归分析

Variables	Full Sample		State-owned		Non-state Owned	
	系数	t 值	系数	t 值	系数	t 值
Control	−0.04	−0.01	7.39**	2.00	−12.84**	−2.47
Per GDP	−1.79**	−2.35	−3.42***	−3.78	0.978	0.68
ROE	11.12***	3.31	7.01	1.62	12.93**	2.36
Total Assets	3.17***	6.50	2.72***	4.69	4.215***	4.45
Institutional Ownership	1.26	0.58	2.46	0.94	−0.640	−0.17
Employee	1.05**	2.28	−0.31	−0.48	2.520***	3.72
Leverage	−7.13**	−2.51	−9.18**	−2.54	−0.756	−0.17
Tobin's Q	−0.56**	−2.17	−0.74**	−2.12	−0.263	−0.66
Constant	−16.23	−1.27	10.11	0.67	−67.50***	−2.75
N	692		437		255	
Adj. R^2	0.115		0.135		0.146	

注：**，*** 分别表示 $p<0.05$ and 0.01。

与现有文献所发现的经验证据类似的是（Chapple and Moon，2005；Deniz-Deniz and Garcia-Falcon，2002；Stanwick and Stanwick，1998），其他一些公司特征的变量与社会责任水平在预期的方向上显著。例如，与预期的一致，ROE 和公司规模与公司社会责任水平显著正相关，反映员工影响的 Employee 变量在非国有企业样本组中显著，而在国有企业样本组中不显著，可能的原因是经过标准化后国有企业的员工规模比非国有企业小。Leverage 和 Tobin's Q 与国有企业的社会责任水平负相关，但与非国有企业的社会责任水平不存在显著相关关系，这意味着国有企业参与社会责任活动更多地

受到手中拥有资源和未来投资机会的约束。机构投资者持股比例在两个子样本中均与社会责任水平不相关。

本书也意识到，第一大股东持股比例仅仅反映了大股东控制权的一个维度，如来自其他股东的约束等其他因素反映了对大股东控制权的影响程度。为了充分地检验大股东的控制权是否会影响到我国上市公司的社会责任水平，本书采用其他反映大股东的变量重复模型（1）的回归分析，结果见表3-4。在此，本书采用以下两个变量来衡量大股东的控制权：①第一大股东持股比例除以前十大股东持股比例；②第一大股东持股比例减去前9大股东持股比例。表3-4说明，即使采用其他变量进行检验，本书还是发现第一大股东控制权与国有企业的社会责任水平之间存在显著正相关关系，而与非国有企业的社会责任水平存在负相关关系。基于表3-4，可以认为这一结果是稳健的，不受不同变量的选取而变动。

表3-4 **企业社会责任、所有权集中度和政治干预的回归分析（不同变量）**

Panel A：第一大股东持股比例除以前十大股东持股比例衡量股权集中度

Variables	Full Sample		State-owned		Non-state Owned	
	系数	t值	系数	t值	系数	t值
Control2	−0.607	−0.28	5.918**	2.18	−11.42***	−2.92
Per GDP	−1.792**	−2.35	−3.519***	−3.88	0.612	0.43
ROE	11.09***	3.30	7.657*	1.77	10.96**	2.03
Total Assets	3.198***	6.62	2.878***	5.10	4.491***	4.72
Institutional Ownership	1.126	0.51	3.893	1.44	−2.934	−0.77
Employee	1.058**	2.28	−0.288	−0.45	2.493***	3.70
Leverage	−7.115**	−2.51	−9.485***	−2.63	−0.0679	−0.01
Tobin's Q	−0.572**	−2.18	−0.676	−1.94	−0.293	−0.73
Constant	−16.33	−1.28	5.963	−0.40	−66.55***	−2.73
N	692		437		255	
Adj. R^2	0.115		0.136		0.154	

续表

Panel B：第一大股东持股比例减去前9大股东持股比例衡量股权集中度

Variables	Full Sample		State-owned		Non-state Owned	
	系数	t值	系数	t值	系数	t值
Control3	-0.265	-0.14	5.598**	2.41	-10.39***	-3.12
Per GDP	-1.795**	-2.35	-3.489***	-3.86	0.726	0.51
ROE	11.12***	3.31	7.289	1.69	11.47**	2.13
Total Assets	3.190***	6.55	2.782***	4.89	4.577***	4.80
Institutional ownership	1.213	0.55	3.465	1.30	-2.773	-0.74
Employee	1.058**	2.28	-0.302	-0.47	2.528***	3.76
Leverage	-7.127**	-2.51	-9.413***	-2.61	-0.082	-0.02
Tobin's Q	-0.569**	-2.18	-0.693**	-1.99	-0.288	-0.72
Constant	-16.49	-1.28	10.84	0.72	-75.40***	-3.07
N	692		437		255	
Adj. R^2	0.115		0.138		0.158	

注：*，**，***分别表示 $p<0.1$，0.05 and 0.01。

虽然表3-4采用不同变量对大股东的控制权对企业社会责任的影响进行了稳健性测试，但上述三个变量均是以上市公司第一大股东持股比例为基础的。以第一大股东持股比例为基础计算我国上市公司股权集中度可能存在问题，这是因为上面几个指标的计算都隐含一个前提假设，即第一大股东与其他九大股东没有关联关系，其他九大股东对第一大股东有制衡作用，所以才能直接使用第一大股东持股比例来衡量公司的股权集中度，但我国上市公司的股东之间可能存在关联关系，即前十大股东中有数个股东可能受到同一个股东的控制，他们之间是一致行动人，这种情况下，使用第一大股东持股比例衡量股权集中度或者政治干预，就可能会存在偏差。为了解决这个问题，本书在此采用了实际控制人的概念，以实际控制人的持股比例替代第一大股东持股比例衡量股权集中度，并反映来自政府的政治干预程度或者第一大股东的代理问题严重程度。

此外，前面的分析认为对于非国有企业来说，第一大股东持股比例可以看作衡量代理问题严重程度的一个主要变量。但事实上，随着第一大股东持股比例的上升，会对公司大股东带来两种影响：一是利益协同效应（Interest Alignment Effect），一是壕沟效应（Entrenchment Effect）。随着第一大股东（或者实际控制人）持股比例上升，股东拥有公司股份越多，第一大股东的利益与整个公司的利益越趋于一致，大股东会采取更多提升整个公司价值的行为决策，因为这会增加自身的价值，即利益协同效应。而第一大股东持股比例越大，意味着大股东对于公司的控制力越强，从而大股东更容易从公司进行利益输送，即壕沟效应。因此，对于非国有企业而言，随着大股东持股比例的上升，并不一定意味着大股东一定会进行利益输送来转移公司财富，而是需要比较利益协同效应与壕沟效应，只有壕沟效应大于利益协同效应，才符合前文的分析。因此，如果要非常准确地检验假设 1b，我们需要找到一个能够直接衡量公司大股东代理问题的指标进行分析。Claessens et al.（2002）在研究大股东的代理问题与公司业绩之间的关系时，采用了大股东的投票权和现金流权之间的差异作为衡量大股东代理问题的指标，而 Fan and Wong（2002）在考察东南亚上市公司的大股东代理问题与公司盈余质量之间关系时，同样也是采用了大股东投票权和现金流权的比值衡量代理问题的严重程度。参考上述研究，本书在此也采用 Fan and Wong（2002）所使用的实际控制人投票权和现金流权的比值 VC 衡量大股东的代理问题，并连同实际控制人的投票权比例纳入模型（1）中进行回归分析，结果见表 3-5。

表 3-5 显示将大股东控制权以实际控制人持股比例（投票权）

进行衡量，结果与表 3-3 和表 3-4 类似，即对于国有企业而言，实际控制人投票权比例越高，公司社会责任水平越高，而对于非国有企业而言，实际控制人投票权比例越高，公司社会责任水平越低。此外，一个非常重要的结果是衡量大股东代理问题的实际控制人两权分离程度的变量 VC 的系数仅在非国有企业样本中负显著，这确实说明两权分离程度越大，大股东的代理问题越严重，非国有企业的社会责任水平越差。这充分说明了解释我国非国有企业的社会责任理论基础是大股东的代理理论，而代理理论对于国有企业而言并不适用。

表 3-5　**企业社会责任、两权分离度和政治干预的回归分析**

Variables	Full Sample		State-owned		Non-state Owned	
	系数	t 值	系数	t 值	系数	t 值
Control	-0. 018	-0. 57	0. 065 *	1. 73	-0. 163 ***	-3. 07
VC	-0. 315	-1. 05	0. 416	0. 83	-1. 201 ***	-3. 11
Per GDP	-1. 839 **	-2. 36	-3. 580 ***	-3. 94	0. 733	0. 50
ROE	0. 019	0. 87	0. 027	1. 02	0. 010	0. 26
Total Assets	1. 026 **	2. 17	-0. 476	-0. 73	2. 882 ***	4. 17
Institutional Ownership	0. 060 **	2. 33	0. 033	1. 08	0. 069	1. 51
Employee	-0. 068 **	-2. 33	-0. 090 **	-2. 42	0. 007	0. 14
Leverage	3. 509 ***	7. 23	3. 076 ***	5. 40	4. 574 ***	4. 85
Tobin's Q	-0. 369	-1. 40	-0. 642 *	-1. 87	0. 0886	0. 22
Constant	-22. 11 *	-1. 71	3. 832	0. 25	-70. 58 ***	-2. 89
N	667		427		240	
Adj. R^2	0. 111		0. 138		0. 171	

注：*，**，*** 分别表示 p<0. 1，0. 05 and 0. 01。

除了国有企业更多地受到政府干预的影响外，我们也清楚许多民营企业可能与国家（政府）和执政党派之间也存在非常强的政治关联，这同样也会影响政治干预的水平。在经济学和公司财务学中有一组文献研究全球商业环境下政治关联对于企业经营的影响——尤其是政治关联的价值（Agrawal and Knoeber，2001；Claessens et al.，2008；Faccio，2006；Fisman，2001；Johnson and Mitton，2003；Khwaja and Mian，2005；Ramalho，2007）。除了国外的研究之外，许多研究也关注了对中国企业政治关联影响的研究，并深入考察了其价值和经济后果。利用了部分私有化公司的样本，Fan et al.（2007）发现如果公司的 CEO 有政治关联的话，公司的股价表现比没有政治关联 CEO 的公司要差。而采用了全国范围对于民营企业的调查数据，Li et al.（2008）发现政治关联能够改善私营企业的业绩，帮助民营企业家获得银行和国家金融机构的贷款，并且在当前的法律体系中增强民营企业家的信心。基于现有文献提供的证据，我们可以发现政治关联可以影响公司的商业行为，尤其对于我国非国有企业而言。

为了避免非国有企业样本的回归结果不会受到企业的政治关联的影响，本书参照 Fan et al.（2007）的研究，增加了 PC 变量来刻画公司的政治关联。其中 PC 为虚拟变量，当公司的董事长或者 CEO 曾经或者现在是各级政府官员、人大代表、政协委员、军队成员时取 1，否则取 0，董事长或 CEO 的任职经历来自于公司每年披露的年报。表 3-6 是加入了企业政治关联影响后的非国有企业样本的多元回归结果，其结果与表 3-3 和表 3-4 类似。即使在控制了公司的政治关联影响后，反映大股东控制权的变量 Control，Control2 和 Control3 与公司的社会责任水平仍然显著正相关，而 Per GDP 与公司社会责任水平不相关。该结果与本书发现的主要结果相类似，即对于非国有企业而言，公司股权集中度与社会责任水平负相关，而地区经济发展程度与社会责任水平不相关。另外一个有趣的结果是，企业政治关联PC与社会责任水平显著正相关，这说明我国非国有企业的政治关联会提升企业的社会责任水平。See（2009）指出为了其政治目的，中国政府有强烈的动机鼓励企业提升社会责任水平，因此本书认为来自于政府的政治干预正向地影响企业的社会责任水平。上述分析同样适用于有政治关联的非国有企业，本书的经验证据支持了本书提出的政治干预理论以及See（2009）对于中国企业社会责任研究的理论框架。

表3-6 **非国有企业政治关联与企业社会责任**

Variables	Parameter Estimate	T-statistic	Parameter Estimate	T-statistic	Parameter Estimate	T-statistic
Control	-13.23**	-2.57				
Control2			-11.84**	-3.06		
Control3					-10.75**	-3.26
Per GDP	1.061	0.75	0.684	0.49	0.803	0.57
PC	3.531**	2.39	3.613**	2.46	3.623**	2.47
ROE	11.57**	2.12	9.510*	1.77	10.04*	1.87
Total Assets	3.936***	4.16	4.217**	4.44	4.303***	4.53
Institutional Ownership	-1.202	-0.33	-3.596	-0.95	-3.425	-0.92
Employee	2.683***	3.97	2.659***	3.96	2.696***	4.03
Leverage	0.456	0.1	1.201	0.27	1.187	0.26
Tobin's Q	-0.294	-0.74	-0.326	-0.82	-0.321	-0.81
Constant	-64.03***	-2.63	-62.97***	-2.6	-72.12***	-2.96
N	255		255		255	
Adj. R^2	0.162		0.171		0.175	

注：*，**，*** 分别表示 $p<0.1$，0.05 and 0.01。

3.4 我国上市公司社会责任经济后果研究

3.4.1 描述性统计

表3-7是模型（2）和模型（3）研究数据的描述性统计，包括了2 173个观测的财务业绩、财务特征和公司社会责任指数评分的基本分析，并且本书按照国有企业与非国有企业将样本划分为两个子样本，以此为基础对上述变量进行了 Wilcoxon rank-sum 检验以考察不同子样本间变量的差异。从表3-7中可以看到，与国有企业相比，非国有企业有更好的会计业绩（ROE 和 ROA）以及市场业绩（MKTB 和托宾 Q），可能表明如前文所讨论的那样，政治干预对于公司业绩来说是有负向效应的。与 See（2009）的理论预期相符合的是，国有企业的公司社会责任水平比非国有企业的高很多（z 值 = 2.935），这意味着政治干预促使公司高管提升公司社会责任水平，尤其在与国有企业当中，这与本章第三节的实证结果一致。与讨论中国私有化和经济转轨文献（Sun and Tong，2003；Wei et al.，2005）所研究的结论一致的是，国有企业的上市年限比非国有企业的上市年限要长，说明我国资本市场建立初期的目的是为国有企业改革脱困服务。总体而言，描述性统计表明国有企业更多地参与社会责任活动、盈利能力更差、规模更大、上市年限更长以及债务风险更高。

表3-8是模型（2）和（3）的主要变量的 Pearson 相关系数分析。公司社会责任水平与会计业绩正相关（ROE 和 ROA），但与市场业绩负相关（MKTB 和托宾 Q）。这两个结果相互冲突，并且与前人文献的结论不一致（Cheung et al.，2010；Dasgupta et al.，1997），这表明我们在新兴市场中考察社会责任与企业业绩的关系时需要将制度变量纳入分析框架，并且要控制其他影响企业业绩的变量。

表 3-7　　**描述性统计**

Variable	Mean	Standard Deviation	State-owned	Non-state owned	Rank-sum Z for the Difference
ROE	0.058	0.157	0.051	0.068	-2.815 ***
ROA	0.056	0.072	0.052	0.063	-4.114 ***
MKTB	4.050	3.413	3.733	4.587	-7.090 ***
Tobin's Q	2.245	1.367	2.040	2.591	-9.721 ***
CSR	29.522	11.684	30.004	28.704	2.935 ***
Total Assets	21.667	1.195	21.950	21.188	15.549 ***
Sales Growth	0.098	0.344	0.099	0.096	1.369
Firm Age	2.056	0.690	2.160	1.880	7.927 ***
Current Ratio	1.558	1.222	1.403	1.820	-9.773 ***
Leverage	0.502	0.188	0.524	0.465	7.883 ***

注：*** 表示 $p< 0.01$。

表 3-8　　**相关性分析**

Variable	1	2	3	4	5	6	7	8	9
ROE	1.000								
ROA	0.859 ***	1.000							
MKTB	-0.158 ***	-0.039 **	1.000						
Tobin's Q	0.091 ***	0.199 ***	0.740 ***	1.000					
CSR	0.072 ***	0.087 ***	-0.135 ***	-0.125 ***	1.000				
Total Assets	0.201 ***	0.160 ***	-0.289 ***	-0.391 ***	0.246 ***	1.000			
Sales Growth	0.298 ***	0.322 ***	-0.001	-0.004	0.001	0.102 ***	1.000		
Firm Age	-0.091 ***	-0.135 ***	0.120 ***	-0.004	-0.142 ***	0.115 ***	-0.075 ***	1.000	
Current Ratio	0.166 ***	0.197 ***	-0.019	0.277 ***	-0.089 ***	-0.212 ***	0.041 **	-0.142 ***	1.000
Leverage	-0.217 ***	-0.277 ***	0.165 ***	-0.318 ***	0.024	0.325 ***	0.056 ***	0.184 ***	-0.625 ***

注：**，*** 分别表示 $p<0.05$ 和 0.01。

3.4.2 企业社会责任与会计业绩

与第三节的研究类似，在此同样按照企业所有权类型区分为国有企业样本和非国有企业样本来分析企业社会责任水平与企业业绩之间的关系，结果见表3-9。表3-9说明，对于总体样本而言，企业社会责任水平与企业会计业绩ROE和ROA显著正相关，意味着企业社会责任活动能够为我国企业带来更多的经济利益。与本书假设3a一致的是，上述正相关关系仅在非国有企业中存在，但是对于国有企业而言，企业社会责任水平CSR与企业业绩ROE和ROA之间不存在显著的正相关关系，部分支持了假设3b。

表3-9　　**企业社会责任与企业会计业绩分析**

Panel A：公司社会责任与企业ROE指标的回归分析

Variables	Full Sample		State-owned		Non-state Owned	
	Parameter Estimate	T-statistic	Parameter Estimate	T-statistic	Parameter Estimate	T-statistic
Constant	-0.249 ***	-4.19	-0.122 *	-1.72	-0.622 ***	-5.50
CSR	0.0004 *	1.75	0.00001	0.02	0.0010 **	2.24
Lagged ROE	0.0166 ***	5.58	0.2000 ***	10.37	0.0125 ***	4.04
Sales Growth	0.1270 ***	15.74	0.1560 ***	14.86	0.0949 ***	7.84
MKTB	-0.0104 ***	-11.15	-0.0128 ***	-10.47	-0.006 ***	-0.17
Total Assets	0.0125 ***	4.64	0.0074 **	2.32	0.0289 ***	5.53
Industry fixed effect	Controlled		Controlled		Controlled	
Year fixed effect	Controlled		Controlled		Controlled	
N	2713		1708		1005	
Adj. R^2	0.206		0.296		0.169	

续表

Panel B：企业社会责任与企业 ROA 指标的回归分析

Variables	Full Sample		State-owned		Non-state Owned	
	Parameter Estimate	T-statistic	Parameter Estimate	T-statistic	Parameter Estimate	T-statistic
Constant	-0.0363	-1.52	-0.00358	-0.13	-0.209 ***	-4.40
CSR	0.00025 **	2.49	0.00001	0.55	0.0005 **	2.69
Lagged ROA	0.394 ***	29.02	0.432 ***	22.52	0.332 ***	16.60
Sales Growth	0.0614 ***	19.01	0.0687 ***	16.35	0.0516 ***	10.22
MKTB	-0.0013 *	-3.50	-0.002 ***	-4.17	-0.0001	-0.19
Total Assets	0.0016	1.44	0.0002	0.13	0.0097 ***	4.40
Industry Fixed Effect	Controlled		Controlled		Controlled	
Year Fixed Effect	Controlled		Controlled		Controlled	
N	2713		1708		1005	
Adj. R^2	0.384		0.42		0.357	

注：*，**，*** 分别表示 $p<0.1$，0.05 和 0.01。

同样地，与现有文献的发现类似的是（Waddock and Graves，1997；Zhang and Rezaee，2009），其他控制变量也在预期的方向上显著。例如，滞后一期会计业绩、销售收入增长和公司规模与公司当期会计业绩显著正相关，但有趣的是公司的市净率（MKTB）与公司的会计业绩负相关，这与 Penman（1992，1996）的证据相反。可能的原因在于我们是以年末的股价数据来计算 MKTB 的，已经包括了当期会计业绩变化在内。

3.4.3　企业社会责任与市场业绩

表 3-9 是我国上市公司企业社会责任与市场业绩的回归分析结果。与会计业绩的结果相反的是，在全样本中企业社会责任水平

与企业市场业绩的显著负相关，并且该负相关关系仅存在于国有企业子样本中，而非国有企业中企业社会责任水平与市场业绩不相关。上述结果支持了本书的假设3b，即国有企业中社会责任水平与企业业绩负相关。之所以在国有企业中存在负相关关系，可能是因为来自于政府的政治干预提升了企业的社会责任水平，但损害了公司业绩。此外，表3-10也显示其他公司特征变量与市场业绩（MKTB和Tobin's Q）之间存在显著的相关关系，与文献一致（Cheung et al.，2010）。

表3-10　　企业社会责任与企业市场业绩分析

Panel A：企业社会责任与市价账面比MKTB的回归分析

Variables	Full ample		State-owned		Non-state owned	
	Parameter Estimate	T-statistic	Parameter Estimate	T-statistic	Parameter Estimate	T-statistic
Constant	22.49***	19.22	17.86***	12.89	31.33***	13.15
CSR	-0.0132**	-2.59	-0.0128**	-2.16	-0.0130	-1.40
Total Assets	-0.919***	-17.12	-0.696***	-11.34	-1.372***	-12.08
Firm Age	0.379***	4.36	0.257**	2.24	0.810***	5.65
Sales Growth	1.010***	6.01	0.840***	3.88	1.321***	4.99
ROE	-3.484***	-9.02	-4.577***	-10.02	-1.289*	-1.85
Current Ratio	-0.259***	-5.30	-0.280***	-4.40	-0.279***	-3.64
Industry Fixed Effect	Controlled		Controlled		Controlled	
Year Fixed Effect	Controlled		Controlled		Controlled	
N	2713		1708		1005	
Adj. R^2	0.321		0.311		0.358	

续表

Panel B：企业社会责任与托比 Q 值 Tobin's Q 的回归分析

Variables	Full Sample		State-owned		Non-state Owned	
	Parameter Estimate	T-statistic	Parameter Estimate	T-statistic	Parameter Estimate	T-statistic
Constant	11.34***	26.83	8.858***	18.86	16.34***	18.21
CSR	-0.0033*	-1.81	-0.0037*	-1.82	-0.0026	-0.74
Total Assets	-0.459***	-23.63	-0.337***	-16.17	-0.715***	-16.71
Firm Age	0.0598*	1.90	0.0449	1.15	0.212***	3.94
Sales Growth	0.118*	1.94	0.0383	0.52	0.249**	2.50
ROE	0.725***	5.20	0.449***	2.90	1.411***	5.39
Current Ratio	0.174***	9.85	0.137***	6.36	0.190***	6.59
Industry Fixed Effect	Controlled		Controlled		Controlled	
Year Fixed Effect	Controlled		Controlled		Controlled	
N	2713		1708		1005	
Adj. R^2	0.447		0.414		0.498	

注：*，**，*** 分别表示 $p<0.1$，0.05 和 0.01。

上海国家会计学院社会责任指数于 2008 年 12 月 24 日发布，非常接近我国上市公司财政年度的结束日，为了确保市场投资者对企业社会责任水平的估值完全反映在股价当中，本书仅仅采用了 2009 年，即社会责任指数发布（信息被市场彻底了解和消化）的后一年的样本数据重复了模型（3）的回归分析，结果见表 3-11。从表 3-11 中可以看出，回归结果与表 3-9 的结果类似，即国有企业中公司的社会责任水平与市场业绩之间存在显著的负相关关系，而非国有企业中这两者不存在显著的关系。表 3-10 的结果说明了模型（3）的分析不受样本年度选取的影响。

表3-11　　企业社会责任与企业市场业绩分析

Panel A：企业社会责任与市价账面比 MKTB 的回归分析

Variables	Full Sample		State-owned		Non-state Owned	
	Parameter Estimate	T-statistic	Parameter Estimate	T-statistic	Parameter Estimate	T-statistic
Constant	32.19 ***	17.11	25.72 ***	11.54	42.01 ***	10.93
CSR	-0.0190 **	-2.29	-0.0183 *	-1.92	-0.0190	-1.23
Total Assets	-1.247 ***	-14.55	-0.943 ***	-9.67	-1.750 ***	-9.60
Firm Age	0.628 ***	3.88	0.412 **	1.98	1.290 ***	4.74
Sales Growth	1.141 ***	4.29	0.958 ***	2.87	1.745 ***	3.95
ROE	-3.810 ***	-5.71	-5.351 ***	-6.85	-1.015	-0.82
Current Ratio	-0.384 ***	-4.90	-0.438 ***	-4.29	-0.389 ***	-3.14
Industry Fixed Effect	Controlled		Controlled		Controlled	
N	1353		851		502	
Adj. R^2	0.244		0.242		0.260	

Panel B：企业社会责任与托比 Q 值 Tobin's Q 的回归分析

Variables	Full Sample		State-owned		Non-state Owned	
	Parameter Estimate	T-statistic	Parameter Estimate	T-statistic	Parameter Estimate	T-statistic
Constant	16.51 ***	24.61	12.92 ***	16.91	23.06 ***	16.55
CSR	-0.0048	-1.62	-0.0057 *	-1.74	-0.0031	-0.55
Total Assets	-0.656 ***	-21.45	-0.489 ***	-14.61	-0.981 ***	-14.85
Firm Age	0.111 *	1.93	0.0995	1.39	0.310 ***	3.15
Sales Growth	0.0851	0.90	0.0066	0.06	0.256	1.60
ROE	0.965 ***	4.06	0.613 **	2.29	1.780 ***	3.96
Current Ratio	0.222 ***	7.95	0.185 ***	5.29	0.234 ***	5.20
Industry Fixed Effect	Controlled		Controlled		Controlled	
N	1353		851		502	
Adj. R^2	0.413		0.370		0.447	

注：*，**，*** 分别表示 $p<0.1$，0.05 和 0.01。

与 Cheung et al.（2010）研究不同的是，Zhang and Rezaee（2009）采用月度平均回报和累计异常市场调整回报（CARs）来衡量企业的市场业绩。Morck et al.（2000）指出中国股票市场具有比较严重的股价同步性问题，所以累计市场调整回报在衡量企业市场业绩上要比原始回报更合适。为了避免对于市场业绩指标选取不同而带来的结果偏差，本书参照 Zhang and Rezaee（2009）研究的定义，选取 2009 年 1 月到 12 月的月度累计市场调整回报来衡量企业市场业绩，并考察企业社会责任水平对其的影响，结果见表 3-12。与表 3-10、表 3-11 类似的是，国有企业中公司社会责任水平与其后累计市场调整回报负相关，而非国有企业中公司社会责任水平与其后累计市场调整回报没有显著的关系。经过不同市场业绩指标的分析，本书的假设 3b 得到支持。

表 3-12　**企业社会责任与企业市场调整异常回报分析**

Variables	Full Sample		State-owned		Non-state Owned	
	Parameter Estimate	T-statistic	Parameter Estimate	T-statistic	Parameter Estimate	T-statistic
Constant	-2.116 ***	-4.83	-0.176	-0.34	-6.748 ***	-8.2
CSR	-0.0036 **	-2.42	-0.0042 **	-2.26	-0.0034	-1.37
MKTB	0.0660 ***	13.93	0.0769 ***	11.77	0.0509 ***	7.29
SIZE	0.139 ***	7.1	0.0472 **	2.05	0.356 ***	9.59
ROE	1.232 ***	9.52	1.576 ***	9.56	0.651 ***	3.07
Sales Growth	0.0986 **	2.01	-0.0267	-0.41	0.170 **	2.34
Leverage	-0.0522	-0.55	0.0513	0.43	-0.223	-1.43
Industry Fixed Effect	Controlled		Controlled		Controlled	
N	1353		851		502	
Adj. R^2	0.288		0.333		0.308	

注：*，**，*** 分别表示 $p<0.1$，0.05 和 0.01。

综合上述结果分析，企业社会责任水平与会计业绩正相关但是与市场业绩负相关，并且这两者的关系随着企业所有权类型的变化而变化。本书的经验证据表明公司社会责任活动为企业创造的经济价值很可能被政治干预带来的负面影响而抵消，并且中国市场投资者对公司社会责任活动给予负面的评价的原因可能在于新兴市场中政治干预所导致的企业财富转移和较低的市场效率。这一节的经验证据与文献中被普遍接受的利益相关者理论并不相吻合（Cornell and Shapiro，1987；Mackey et al.，2007；Neville et al.，2005），因此在转轨时期的新兴市场环境中运用在成熟市场中发展起来的利益相关者理论需要特别慎重。总体而言，本书的经验证据支持了假设3a和3b的讨论，结果解释了在我国这样一个新兴市场中企业所有权类型是如何影响社会责任和企业业绩之间关系的，并且支持了这一领域的相关理论研究（See，2009）。

3.5 本章小结

基于上海国家会计学院发布的社会责任指数，结合我国转轨经济的制度特征，本书考察了我国上市公司社会责任水平的影响因素和经济后果。我国上市公司“二元股权结构”的所有权结构特征给我们提供了一个很好的研究机构，使得我们可以考察反映政治干预的股权结构，是否对我国上市公司的社会责任水平和决策产生影响，并且是否会影响到企业社会责任与企业价值之间的关系。本书的研究不仅对于社会责任影响因素的一系列文献有所贡献，同时对于考察社会责任与企业业绩之间关系的文献也有所贡献。总的来说，本书对于研究新兴市场国家企业社会责任影响因素和经济后果的理论文献与经验研究文献都有所支持，并且检验了本书第二章提出的企业社会责任的政治干预理论，对于理解以我国为代表的新兴市场国家的企业社会责任行为有所帮助。

分别采用来自于我国制造业上市公司2007年的数据、所有行业上市公司2008、2009年的数据，本书得到了以下结论：第一，控制了文献中所归纳的影响企业社会责任的公司特征后，在国有企业样本中第一大股东的控制权与公司社会责任水平正相关，意味着在转轨经济的新兴市场中政治干预理论更能够解释企业社会责任实践，而相反的，非国有企业中第一大股东控制权与公司社会责任水平负相关；第二，公司规模、盈利能力、员工规模、债务水平和托宾Q值影响了企业社会责任的决策和水平；第三，在控制了影响企业业绩的变量后，本书发现公司社会责任水平与企业会计业绩正相关（尤其是在非国有企业中），而与企业市场业绩负相关（尤其是在国有企业中），上述结果表明在新兴市场环境中，所有权类型或者政治干预可能是影响企业社会责任和企业业绩之间关系的一个重要的制度变量，应当纳入分析的框架中。值得注意的是，我们的经验证据与文献中所普遍接受的利益相关者理论并不一致，可能更多地支持了本书第二章提出的政治干预理论，并且与部分研究以中国为代表的新兴市场的企业社会责任理论文献息息相关（See, 2009），我们在中国运用利益相关者理论来解释企业社会责任决策与水平时需要更加谨慎。

4 政治干预与企业慈善捐赠

慈善捐赠是企业社会责任中的一个重要维度（Carroll，1999），我们在研究企业社会责任的时候，如果进行分维度的研究，企业的慈善捐赠是一个不可或缺的研究对象。过去20多年来，国外企业的慈善捐赠无论是金额还是范围都增长很快，甚至企业在陷入财务困境的时候也进行捐赠（Lev et al，2010）。美国财务报告准则委员会（FASB）将企业慈善捐赠定义为“无条件地将现金或其他资产转移给非股东的一个单位，或者不要求回报地免除、取消该单位的债务”（FASB，1993）。该定义强调了这样一个事实，即企业慈善捐赠是将企业有价值的资源转移给非关联的单位，并不考虑未来的经济回报。我们都知道，企业的商业目的是赚取利润，而慈善捐赠是一种表面上不能为企业取得现实经济利益的资源支出，似乎与企业的原则相悖，那么究竟出于什么动机和理由导致企业高管会进行不要求回报的慈善捐赠就成为一个重要而有趣的问题。

前面的文献综述可以看出，西方学者已经对企业慈善捐赠的影响因素和经济后果进行了大量的研究，也得到了许多解释企业慈善捐赠的理论。我国的企业慈善捐赠研究相对来说要少很多。特别是在2008年汶川地震以前，绝大部分的研究都只是总结相关文献或案例，并提出政策建议，缺乏从经济学的角度来实证研究企业慈善捐赠行为的文献。直到2008年汶川地震发生，不仅提供了实证研究所需要的数据，同时汶川地震事件的重要性也使得企业慈善捐赠成为研究的热点问题，许多关于我国上市公司慈善捐赠行为影响因素和经济后果的研究开始出现，形成我国企业社会责任的一个重要研究领域（山立威等，2008；方军雄，2009；郭剑花，2012；贾明、张喆，2010；徐莉萍等，2011；李四海，2010；李四海等，2012；薛爽、肖星，2011）。

众多学者经过持续不断的研究，已经形成了很多不同的理论来解释企业慈善捐赠的动因（Sanchez，2000），包括利他主义理论、利益最大化的策略性理论（Strategic Theory）、政治和制度权力理论等。其中利他主义理论认为企业之所以进行慈善捐赠是因为企业高管认为这样是在做正确的事情，并且只是为了社会服务而已（Sharfman，1994）。该理论认为企业慈善捐赠的动因是社会的道德标准而非经济方面的考虑。而利益最大化理论则认为慈善捐赠会给企业带来经济回报，这是因为生活标准和社区条件的提高最后都会提高对企业产品的需求，因此这正是所谓的“做好事是为了做得更好”（Hart，1997）。在利益最大化理论下，企业进行慈善捐赠是一种策略性的行为，目的是为了获得更大的经济利益。而政治和制度权力理论则认为企业进行慈善捐赠是为了与重要利益相关者建立政治声誉（Political Goodwill），以保护基于关系的无形资产（Godfrey，2005）。这是因为政治声誉能够提高企业获取重要利益相关者（尤其是政府）手中控制资源的可能性，从而能够给企业带来经济上的回报。

关于我国企业慈善捐赠的研究，第一章文献综述已经进行了概括与归纳，包括：利益最大化的策略性动机（山立威等，2008；Zhang et al，2010；郭剑花，2012 等）、政治和制度权力动机（贾明、张喆，2010；薛爽、肖星，2011；李四海，2010；李四海等，2012）。可以发现，目前的关于我国企业慈善捐赠的经验证据仍然没有取得较为一致的结论，同时文献对于企业捐赠的驱动动因关注比较多，而较少对我国企业慈善捐赠经济后果进行考察，更为重要的是没有考察慈善捐赠影响企业业绩的途径与机制。对于我国企业慈善捐赠，目前仍有以下几个问题没有得到很好的回答：我国企业慈善捐赠是受到策略性经济动机的驱动还是政治干预动机的驱动？慈善捐赠能否提升企业的业绩，包括会计业绩与市场业绩？慈善捐赠通过什么机制和途径提升企业业绩？不同产权性质的企业在上述关系上是否存在显著的差异？为了回答上述问题，本书拟选取我国上市公司为研究对象，考察影响我国企业慈善捐赠的动机、经济后果及影响机制，以期对现有文献有所贡献。

本书选取了在上海证券交易所和深圳证券交易所上市的公司2001—2006年的样本数据，考察了影响我国上市公司慈善捐赠的动机、经济后果及影响机制。本书的结果表明企业国有产权性质、CEO的政治联系对我国上市公司的慈善捐赠有正向的影响，这与Zhang et al（2009）的研究结果相反，说明我国上市公司的慈善捐赠受到企业的政治干预和联系的影响，支持了政治声誉和权力理论。并且在国有企业的子样本中，本书发现地方政府控制的国有企业比中央政府控制的国有企业有更多的慈善捐赠，该证据进一步支持了本书提出的政治干预的理论解释。对于慈善捐赠经济后果的分析，本书发现企业慈善捐赠能够提升企业业绩，说明进行捐赠确实能够给企业带来未来的经济利益。进一步分析慈善捐赠是如何提升上市公司业绩的，我们没有发现慈善捐赠能够带来更高的销售收入增长，却发现进行更多慈善捐赠的公司能够获得更多的银行贷款、有着更低的贷款成本以及获得更多的政府补贴。同样的，经济后果方面的经验证据也支持政治干预理论。

本章的研究对于文献可能有以下几个方面的贡献：第一，研究发现对于我国上市公司慈善捐赠的动机，政治干预理论更具有解释力，这对目前研究我国企业慈善捐赠动机的文献是一个有益的补充（贾明、张喆，2010；李四海，2010；李四海等，2012；薛爽、肖星，2011）。第二，我们的经验证据发现慈善捐赠能够提升企业业绩，包括会计业绩和市场业绩，这对于考察我国企业慈善捐赠经济后果的文献有所贡献（方军雄，2009；Wang et al，2008；Su and He，2010）。第三，本书不仅考察了我国上市公司慈善捐赠是否影响企业业绩，还进一步分析了慈善捐赠提升企业业绩的渠道和途径，这对现有文献是一个较大的推进。

4.1 研究假设

目前研究我国企业所有权结构与企业慈善捐赠的文献并不多见，Zhang et al（2009）利用汶川地震后的上市公司捐赠的数据，发现我国上市公司中，非国有企业比国有企业更倾向进行捐赠、捐赠的金额也更高。他们认为企业慈善捐赠的理论基础是利益最大化的策略性理论，即慈善捐赠能够给企业带来经济利益，而国有企业的政府股东因为有政治目标，所以不会只从经济目标出发，所以不会遵循利益最大化的原则进行决策，从而非国有企业要比国有企业捐赠更多。Zhang et al（2009）的理论解释与经验证据，与他们所采用的研究样本比较匹配。2008 年汶川地震是我国自 1976 年唐山大地震以来少有的重大灾难，遇难人数和经济损失都是我国史上罕见的[①]，地震发生后迅速成为全国社会各界的焦点，抢险救灾成为当时最重要的事件。在当时的状况下，企业进行慈善捐赠，特别是金额比较巨大的捐赠，会非常容易地受到社会的关注和重视，迅速提升企业的美誉度和品牌价值，从而能够为企业带来经济利益和提升企业价值。例如，汶川地震后，当时经营“王老吉”品牌凉茶的加多宝集团在 2008 年的 5 月 18 日就宣布向灾区捐款 1 亿元，为企业带来巨大的口碑效应，加多宝的网站随即被刷爆，“要捐就捐 1 个亿，要喝就喝王老吉”“中国人，只喝王老吉”等言论迅速得

① 2008 年汶川地震遇难人数超过 87 000 人，直接经济损失达到 8 451 亿元。

到众多网友追捧。而万科在汶川地震后，总部捐款200万元，董事长王石发表言论“企业的捐赠活动应该可持续，而不应成为负担”，引起了社会各界对万科及王石本人的强烈不满，万科与他被置于舆论风暴的中心，从而极大地影响到万科的品牌价值。为了挽回影响，王石一再出来道歉，并且万科也加大了慈善捐赠和救灾的力度。这均说明了在重大灾难面前，企业的慈善捐赠往往与经济利益是紧密联系在一起的。相对于国有企业而言，非国有企业对于巨大灾难的慈善捐赠决策比较迅速并且力度更大，其理由可能在于：第一，非国有企业遵循经济利益最大化原则进行决策，相对于国企而言，更为积极主动地去争取由慈善捐赠带来的经济利益，因此表现为非国有企业捐赠可能性更高、捐赠金额更大；第二，非国有企业机制比较灵活，大额支出只需要公司董事会通过即可，而国有企业要进行数额巨大的支出，不仅要经过公司董事会的决策，还要通过上级部门的批准，时间周期比较长，也可能存在一定的风险，所以非国有企业相比国有企业更多地进行捐赠。因此 Zhang et al（2009）运用利益最大化的策略性理论解释我国上市公司在汶川地震发生后的慈善捐赠行为是比较恰当的。

但也正如上文所分析的那样，我国上市公司在面临重大灾难的慈善捐赠决策是策略性的，但并不代表企业在日常经营的慈善捐赠决策也遵循策略性理论的解释。一个重要的原因是，在企业日常经营中，进行慈善捐赠能否引起社会公众的关注与重视从而获得巨大的经济利益尚不清楚。事实上，从我国改革开放三十多年的经济转轨和社会发展来看，企业日常的慈善捐赠带来的经济利益并不大。这是因为1978年进行改革开放以来，全国的工作中心从原来的政治运动转移到经济发展和建设上，所有的工作都围绕着经济增长、招商引资进行，政府官员的升迁标准以地区GDP的增长为重要指标。在这样的制度环境和政治氛围下，经济发展和经济利益成为社会各利益团体的最高目标，人们的观念也在改变，利益至上、金钱至上等观念受到追捧，而有可能妨碍经济发展的社会道德、商业伦理、企业责任越来越不受到重视。正如本书前言介绍的一样，环境污染、食品安全、收入差距等问题成为了目前我国社会的普遍现象。当整个社会的氛围和注意力都不在商业伦理与社会责任上，企业进行慈善捐赠无法有效地提升企业在公众当中的声誉和品牌价值，也无法给企业带来后续的经济利益。因此，与重大灾难的慈善捐赠不同，分析企业日常经营中的慈善捐赠行为，需要运用其他理论加以分析和讨论。

如果我国企业日常慈善捐赠无法带来较大的经济利益，那么很可能利益最大化的策略性理论就无法解释企业日常慈善捐赠决策，需要寻找其他的理论解释。如本书第二章所谈到的，政治干预是我国转轨经济中最为重要的制度特征，其对企业的经营决策和商业行为有重要的影响，因此在构建我国企业日常慈善捐赠的理论模型时，应该考虑这一重要制度特征的影响。而根据第二章构建的我国转轨经济时期企业社会责任的政治干预理论，我国企业的社会责任很多情况下也许并不表现为一种企业的经济决策行为，而是反应为企业应对来自政府的政治压力的行为。企业日常慈善捐赠决策是属于企业社会责任的一个重要维度，当捐赠无法带来较大的经济利益时，也应该适用于上述政治干预理论。与 Zhang et al（2009）的分析所不同的是，产权性质对于企业日常慈善捐赠的影响并非遵循利益最大化原则进行。国有企业的政府大股东不仅有着自身的经济利益，更为重要的是它的政治利益诉求，因此政府会要求国有企业运用企业资源为自己的政治目标服务，这将对国企高管施加压力，让他们提高企业的社会责任水平。而企业慈善捐赠能够在救灾、民生、扶残等方面对政府给予支持，因此，受到政府压力的影响，国有企业应该有动力进行更多的日常慈善捐赠。而相反的，因为日常慈善捐赠无法给企业带来较大的经济利益，以利益最大化为行动原则的非国有企业反而不会过多地关注日常慈善捐赠。并且如同第三章的讨论，相对于国有企业，非国有企业受到更少的政治压力和政治干预，因此，非国有企业的慈善捐赠的动力相对不强。基于此，本书提出以下假设：

假设4：与非国有企业相比，国有企业更倾向进行慈善捐赠，并且捐赠金额更大。

上文的分析是用上市公司产权性质来刻画企业受到政治干预的程度，除了这个指标外，本书认为企业的政治关联也可以作为衡量企业受到来自政府压力的程度。众多研究发现企业的政治关联具有很高的价值，能够为企业带来融资便利、税收优惠、市场准入、法律优待等好处（Agrawal and Knoeber，2001；Claessens et al，2008；Faccio，2006；Fisman，2001；Johnson and Mitton，2003；Khwaja and Mian，2005；Ramalho，2007）。类似的结论也在我国资本市场中成立，例如 Li et al（2008）提出政治关联能够帮助民营企业获得贷款，并且增强民营企业家的信息钮。Wu et al（2012）发现政治关联能够给企业带来税收优惠，从而提升企业业绩。政治关联确实给企业带来很多好处，从而帮助企业建立竞争优势，但与此同时，我们不应该忽视政治关联可能存在的成本。Fan et al.（2007）发现企业的政治关联降低了企业价值，Wu et al（2012）发现具有政治关联的地方国有企业，由于受到政府的压力较大，因此存在比较严重的过度投资行为。基于文献的研究，我国具有政治关联的企业，在享受政治关联带来的好处同时，也需要承担由于与政府关系密切而带来更大的政治压力所带来的义务，即投入资源满足政府的政治目标。考虑到企业参与慈善活动的水平与政治关联作为关系资产的价值间存在正相关关系，有政治关联的企业的最佳决策是提高参与慈善活动的水平。同时，当政府部门遇到困难需要企业协助的时候，帮助政府应对危机的行为就成为企业保持与政府间互惠关系的极佳途径，并能增进政府对企业的信任，从长期来看也有利于加强企业与政府间的相互依赖程度，强化企业与政府间关系（贾明、张喆，2010）。目前有关政治关联与我国企业慈善捐赠的实证研究也发现，公司的政治关联与企业慈善捐赠之间存在正向的相关关系（贾明、张喆，2010；薛爽、肖星，2011）。基于此，本书提出以下假设：

假设5：有政治关联的企业更倾向进行慈善捐赠，并且捐赠金额更大。

对于慈善捐赠的经济后果，大部分的研究均发现企业的捐赠决策能够通过增加企业销售收入、刺激创新、提升员工士气、改善顾客关系等途径，达到改善企业业绩，提高企业价值。基于我国企业慈善捐赠的研究对捐赠是否能够改善企业业绩仍没有形成统一的认识。方军雄（2009）利用汶川地震的上市公司捐款数据考察了资本市场投资者对于公司慈善捐赠的反应，结果表明捐款的公司都遭受了一个股价下跌过程，市场对公司的捐款行为有负面的反应。而 Su and He（2010）利用调查数据发现公司的慈善捐赠能够提高公司的会计业绩。根据前文理论分析，本书是假设我国企业日常慈善捐赠并不能给企业带来很大的经济利益，由此推论，我国企业慈善捐赠应当不能改善企业业绩。但上述分析是将企业日常捐赠与重大灾难捐赠进行比较，是指企业日常捐赠无法获取由于重大灾难时社会各界高度关注而带来的声誉提升与品牌增值的经济利益。考虑上文对于企业政治关联与慈善捐赠的分析，固然企业会因为政治关联而受到来自政府压力加大慈善捐赠的力度，但反过来说，进行慈善捐赠能够在政府面临困难的时候帮助政府部门，能够赢得政府部门的好感和信任，增进政府的信任，从而增强与政府的政治联系。这种政治联系的增强，会给企业带来未来的一系列好处，譬如融资便利、税收优惠、市场准入、法律优待等等，这会提升企业的业绩。正如 Godfrey（2005）提到的企业进行慈善捐赠可以建立政治声誉，保护基于关系的无形资产。

除了慈善捐赠是否能够提升企业业绩之外，还要理解慈善捐赠是通过什么途径来提升企业业绩的。基于西方发达国家的研究发现增加公司销售收入、刺激创新、提升员工士气、改善顾客关系是一些很重要的渠道。例如，Greening and Turban（2000）、Lev（2010）、Petrovits and Adhakrishnan（2010）均发现慈善捐赠与未来的销售收入增长有正相关关系，从而能够为企业带来经济利益。但如果遵循本书的政治干预理论分析，结合 Godfrey（2005）的政治声誉理论，我国企业慈善捐赠提升企业业绩的途径也许并非是上述通过建立声誉带来的收入增长、士气提升，而更可能是由于政治关联得到维护和增强所带来的优势与好处。而政治关联这种基于关系的无形资产可以为企业带来融资贷款、税收优惠、政府补贴等方面的便利和好处（Wu et al，2012），因此，我国企业的慈善捐赠对于上述这些方面应当有所贡献，从而解释了我国企业慈善捐赠与企业业绩的正相关关系。基于以上讨论，本书提出假设 6 和假设 7：

假设 6：企业越倾向进行捐赠、捐赠的金额越大，企业业绩越好。

假设 7：企业越倾向进行捐赠、捐赠的金额越大，企业越能够获得融资贷款和政府补贴方面的好处。

4.2 研究设计

4.2.1 样本与数据

本章所采用的研究样本为 2001—2006 年在上海证券交易所和深圳证券交易所上市交易的所有 A 股上市公司。在删除了慈善捐赠、公司最终控制人、金融机构以及其他财务指标存在数据缺失的观测后，总样本包括 6 576 个观测，样本的选择过程请参见表 4-1 的 Panel A。本章之所以将研究样本截止到 2006 年是基于以下两个方面的考虑：第一，我国上市公司股权分置改革始于2005年，于2006年年底大体结束，部分公司拖延至2008年，将样本截止到2006年使得本书的研究不会受到股权分置改革后的影响（Firth et al，2010）；第二，如本书前文所讨论的那样，我国从2006年起开始将和谐社会作为党和中央政府的执政政策，这将对我国企业社会责任决策带来影响，因此，将样本截止在2006年可以控制这种制度和政策变化带来的影响，从而更为准确地研究我国企业慈善捐赠的影响因素和经济后果。按年度统计的样本分布见表4-1的Panel B。

我们从年报中的“营业外支出”的报表附注手工收集了公司慈善捐赠的数据，同时也是根据年报中披露的最终控制人数据来确定公司的产权性质，当公司的最终控制人是政府及政府部门时公司被划分为国有企业，否则被划分为非国有企业。其余关于公司特征的数据来自于国泰安数据库（CSMAR）和万德（WIND）数据库。为了避免极端值的影响，本书将所有连续变量分年度进行了1%和99%分位的Winsorize的处理。表4-1的Panel C披露了样本观测的行业分布。

表4-1　　**样本的选择与分布**

Panel A. 样本的选择

样本期间：2001—2006年	
样本范围：所有在WIND数据库中有完整财务数据的A股上市公司	8 869
减去：金融行业上市公司的观测	32
缺乏最终控制权数据的样本观测	1 823
数据缺失的观测	438
最终的样本观测数目	6 576

Panel B. 样本的年度分布 续表

年度	国有企业	非国有企业	捐赠公司	无捐赠公司	小计
2001 年	748	161	301	608	909
2002 年	804	188	377	615	992
2003 年	833	253	468	618	1 086
2004 年	842	305	512	635	1 147
2005 年	798	423	566	655	1 221
2006 年	794	427	592	629	1 221
合计	4 819	1 757	2 816	3 760	6 576

Panel C. 样本的行业分布

行业	国有企业	非国有企业	捐赠公司	无捐赠公司	小计
农林牧渔业	113	36	84	65	149
采掘业	84	6	59	31	90
食品、饮料	215	82	155	142	297
纺织、服装、皮毛	167	120	126	161	287
木材、家具	121	39	49	111	160
造纸、印刷	94	21	56	59	115
石油、化学、塑胶、塑料	525	171	307	389	696
电子	149	59	87	121	208
金属、非金属	457	126	210	373	583
机械、设备、仪表	733	251	375	609	984
医药、生物制品	260	154	232	182	414
其他制造业	51	45	35	61	96
电力、煤气及水的生产和供应业	283	15	143	155	298
建筑业	83	30	68	45	113
交通运输、仓储业	222	27	100	149	249
信息技术业	261	127	126	262	388
批发和零售贸易	369	101	238	232	470
房地产业	223	110	106	227	333
社会服务业	158	47	80	125	205
传播与文化产业	33	15	14	34	48
综合类	218	175	166	227	393
合计	4 819	1 757	2 816	3 760	6 576

4.2.2 研究模型

为了检验本章的假设7，我们在控制了公司其他影响慈善捐赠的因素之后，采用以下模型来检验产权性质和政治关联对于慈善捐赠的影响。

$$CONT_t = \beta_0 + \beta_1 Private_t + \beta_2 PC_t + \beta_3 INDHHI_t + \beta_4 DISPERSION_t + \beta_5 INDIR_t + \beta_6 BSIZE_t + \beta_7 PB_t + \beta_8 LEV_t + \beta_9 GPM_t + \beta_{10} ENVIND_t + \beta_{11} SALEEXP_t + \beta_{12} SIZE_t + \beta_{13} EMPLOYEE_t + \beta_{14} ROA_t + \beta_{15} AGE_t + \beta_{16} CASH_t + \beta_{17} GROWTH_t + \sum \delta_k Ind_k + \sum \gamma_j Year_j + \varepsilon \quad (1)$$

其中，因变量CONT是公司一年的慈善捐赠行为，参考Zhang et al（2009）的研究，我们用以下两种不同方法来衡量慈善捐赠行为：（1）该变量为虚拟变量，当公司当年有进行慈善捐赠则为1，否则为0；（2）用公司当年慈善捐赠金额+1的自然对数进行衡量。

Private是虚拟变量，当公司的最终控制人是非国有部门时取1，否则取0。PC是样本公司的CEO政治关联变量，用来反映公司与政府之间关系的紧密程度。与上一章研究类似，我们同样也是参照了Fan et al（2007）的研究，以公司CEO是否具有政府背景来衡量公司的政治关联。PC是一个虚拟变量，当公司的CEO现在或者曾经是中央或地方政府官员、人大代表、政协委员或者军队背景时取1，否则取0。INDHHI是行业的赫芬达尔指数（Herfindahl - Hirschman Index，HHI），可以用来衡量行业的竞争程度（Zhang et al，2010）。赫芬达尔指数在经济学中是用来衡量行业竞争程度的一个很好的指标，定义如下：$INDHHI = \sum_{i=1}^{n} (X_i/X)^2$，这里$X_i$是行业中公司i的销售收入，X是行业中所有公司的销售收入之和，n是行业中公司数。INDHHI指数越高意味着行业中的竞争程度越不激烈，反之则竞争激烈。本书在计算INDHHI指数时，采用证监会的行业分类标准，见表 4-1 的 Panel C 中所列示的行业。

为了与现有文献一致，并且控制其他因素对本书结果的影响，我们在模型（1）中增加了很多控制变量。现有文献发现代理成本是影响企业慈善捐赠的重要因素（Brown et al，2006；Coffey and Wang，1998），例如，企业高管可以利用慈善捐赠来获得拥有关键资源的利益相关者的好感，或者高管也可以用慈善捐赠的名义来使用企业有价值的资源增强其个人社会网络、政治或职业生涯的个人声誉（Wang et al，2008）。为了控制代理成本的影响，本书加入了以下的控制变量来衡量公司治理与代理成本：DISPERSION 为反映上市公司的股权集中度的指标，以公司前十大股东持股比例的平方和来计算；INDIR 为独立董事比例，等于独立董事人数除以董事会总人数；BSIZE 为董事会的总人数，即董事会规模。参照 Amato and Amato（2007）、Crampton and Patten（2008）和 Zhang et al（2009，2010）的研究，本书同样也控制了公司规模的影响，以公司市值的自然对数进行衡量。为了控制公司业绩和财务资源的影响，在此控制了总资产收益率（ROA）、毛利率（GPM）、财务杠杆（LEV）以及企业持有现金（CASH）等变量的影响。其中财务杠杆以资产负债率来衡量（Brown et al，2006；Navarro，1988），而企业持有现金等于公司的持有现金除以企业总资产。现有文献发现，企业慈善捐赠可能是企业的营销战略的一个重要组成部分，可以用来提高顾客的忠诚度（Lev et al，2010；Zhang et al，2010）。企业也可能利用慈善捐赠来建立道德资本（Moral Capital）作为保险投资，以保护未来对自然和社会环境带来负面影响的事件发生时利益相关者的利益免遭损失（Godfrey，2005）。基于上述讨论，本书将公司的销售费用（SALEEXP）作为控制变量，以控制公司利用慈善捐赠来建立顾客关系的动机。模型（1）中也控制了对于有负面环境影响事件的公众关注程度，以虚拟变量 ENVIND 来衡量，当上市公司属于重污染行业时取 1，否则取 0（Brown et al，

2006）。此外，还控制了公司的上市年度（AGE）、员工人数（EMPLOYEE）和市净率（PB）。Brammer and Millington（2005）发现公司的成长机会与慈善捐赠存在负相关关系，因此，本书控制了公司的销售收入增长率（GROWTH）。最后，参照 Amota and Amota（2007）、Brammer and Millington（2005）、Brown et al（2006）的研究，控制了行业固定效应和年度固定效应的影响，考虑到行业的差别和中国经济的年度增长等宏观因素的影响。

本书采用模型（2）来考察公司的慈善捐赠是否对未来期间公司业绩有影响，模型具体构建如下：

$$FP_{t+1} = \beta_0 + \beta_1 CONT_t + \beta_2 LagFP_t + \beta_3 GROWTH_t + \beta_4 SIZE_t + \beta_5 LEV_t + \beta_6 AGE_t + \beta_7 PB_t + \beta_8 Private_t + \beta_9 PC_t + \beta_{10} SALEEXP_t + \beta_{11} BETA_t + \sum \delta_k Ind_k + \sum \gamma_j Year_j + \varepsilon \quad (2)$$

为了保证研究结果的可靠性，本书采用两种方法来衡量公司的未来业绩，即会计业绩与市场业绩。第一，根据现有文献的研究采用总资产收益率（ROA）和净资产收益率（ROE）来衡量公司未来期间的会计业绩[①]；第二，利用公司股票一年的持有到期回报（buy-and-hold return）来衡量公司的市场业绩，计算公式为 $BHR = \prod_{j=1}^{12}(1 + MRET_j) - 1$，其中 $MRET_j$是公司股票价格的月度回报。为了控制其他公司特征对业绩的影响，根据现有文献研究，本书还控制了滞后一期的公司业绩（ROA）、销售收入增长率（GROWTH）、公司规模（SIZE）、财务杠杆（LEV）、公司上市年度（AGE）、市价账面比率（PB）、行业固定效应和年度固定效应（Lev et al，2010；Su and He，2010）。同时，本书也将其他影响公司业绩的因素包括在模型中进行控制，如销售费用支出

① 由于采用净资产收益率衡量公司业绩的回归分析结果与采用总资产收益率衡量公司业绩的回归分析结果类似，因此在后面的结果中，本书不再报告净资产收益率的结果。

(SALEEXP)、公司的年度 Beta 系数(BETA)。最后考虑到本章的研究目的,我们同样将公司的所有权类型(PRIVATE)和公司CEO 的政治关联(PC)纳入回归分析。在此,我们的主要目的是考察公司的慈善捐赠 $CONT_i$ 是否对公司下一年度的业绩产生影响。

4.3 实证分析

4.3.1 描述性统计

表4-2 的 Panel A 披露了本章研究样本的描述性统计。总体来说42.8%的样本公司在样本期间进行了慈善捐赠,并且26.7%的公司并非由政府控制,即非国有企业。在样本观测中的21%的 CEO 与政府有着政治关联。Panel B 则按照国有企业和非国有企业分组,对于 Panel A 中所列的变量进行了 T 检验分析。结果表明,相对于非国有企业,国有企业似乎更倾向于进行慈善捐赠而捐赠数额并没有明显的差异。一个有趣的结果是,国有企业与非国有企业在 CEO 的政治关联上并没有明显的差异。进行比较后发现,国有企业有更大的企业规模,而盈利能力较差,表现在毛利率(GPM)和净利润(LOSS)上。Panel C 按照是否进行了慈善捐赠分组,对 Panel A 中所列的变量进行了 T 检验。结果表明相比没有进行慈善捐赠的公司,进行了慈善捐赠的公司有更好的业绩(ROA、BHR、GROWTH、GPM),更多的是国有企业(Private),其 CEO 有更多的政治关联(PC)。在捐赠与不捐赠两组公司之间,规模(市值)不存在显著差异。

表4-3 是本章研究所涉及的主要变量的相关性分析。其中可以发现公司捐赠虚拟变量 DCONT 与所有权性质变量 Private 负相关、与政治关联变量 PC 正相关,这都部分支持了本章的假设4、5。同时,慈善捐赠变量 DCONT、LNCONT 与公司业绩 ROA、BHR 正相关,这部分支持了假设6,同时还与银行贷款 CFLOAN 和政府

补贴 DSUBSI 正相关，同样部分支持了假设 7。此外，主要变量的相关性分析表明多重共线性问题在本章的模型中并不严重。

表 4-2 **描述性统计**

Panel A. 全样本

Variables	N	Mean	Median	Min	Max
DCONT	6 576	0. 4282	0	0	1
CONT	6 576	172 630	0	0	4 789 780
ROA	6 576	0. 0264	0. 0333	-0. 6264	0. 2748
BHR	6 208	-0. 0536	-0. 1396	-0. 7912	2. 0289
GROWTH	6 576	0. 2253	0. 1478	-0. 8945	4. 4651
CFLOAN	6 056	0. 2729	0. 2474	0. 0013	1. 0349
LCOST	6 576	0. 1259	0. 0555	0	2. 1301
DSUBSI	6 576	0. 5861	1	0	1
SUBSIDY	6 576	0. 0022	0. 0001	0	0. 0525
PRIVATE	6 576	0. 2672	0	0	1
PC	6 576	0. 2106	0	0	1
INDHHI	6 576	0. 0674	0. 0424	0. 0188	0. 8892
DISPERSION	6 576	0. 2179	0. 1818	0. 0108	0. 6553
INDIR	6 576	0. 2886	0. 3333	0	0. 5
BSIZE	6 576	9. 5906	9	3	19
PB	6 576	4. 0941	2. 9882	0. 7288	109. 344
LEV	6 576	0. 4976	0. 4967	0. 0733	3. 3618
GPM	6 576	0. 2508	0. 2185	-0. 0963	0. 7935
ENVIND	6 576	0. 4227	0	0	1
SALEEXP	6 576	0. 0607	0. 039	0	0. 4943
MV	6 576	2 800 000 000	1 920 000 000	274 000 000	2 360 000 000
EMPLOYEE	6 576	3 025	1 685	25	37 554
AGE	6 576	6. 3127	6	1	14
CASH	6 576	0. 1725	0. 138	0. 0017	1. 2735
BETA	6 576	1. 027	1. 0592	0. 0766	1. 6088
LOSS	6 576	0. 1353	0	0	1

Panel B. 国有企业与非国有企业 续表

Variables	N	SOEs	Non-SOEs	Difference	t-Value
DCONT	6 576	0. 4447	0. 383	0. 0617 ***	4. 48
CONT	6 576	177 349	159 688	17 661	1. 21
ROA	6 576	0. 0315	0. 0124	0. 0191 ***	8. 36
BHR	6 208	-0. 0428	-0. 0836	0. 0408 ***	3. 81
GROWTH	6 576	0. 2188	0. 2431	-0. 0243 *	-1. 65
CFLOAN	6 056	0. 2676	0. 2877	-0. 0201 ***	-3. 7
LCOST	6 576	0. 1234	0. 133	-0. 0096	-1. 29
DSUBSI	6 576	0. 5862	0. 5857	0. 0005	0. 04
SUBSIDY	6 576	0. 0021	0. 0024	-0. 0003	-1. 39
PC	6 576	0. 2065	0. 222	-0. 0155	-1. 36
INDHHI	6 576	0. 0695	0. 0614	0. 0081 ***	2. 83
DISPERSION	6 576	0. 242	0. 1519	0. 0901 ***	24. 55
INDIR	6 576	0. 2789	0. 3153	-0. 0364 ***	-11. 35
BSIZE	6 576	9. 7948	9. 0307	0. 7641 ***	12. 63
PB	6 576	4. 0391	4. 2451	-0. 206	-1. 3
LEV	6 576	0. 4821	0. 54	-0. 0579 ***	-9. 17
GPM	6 576	0. 2462	0. 2632	-0. 017 ***	-3. 93
ENVIND	6 576	0. 4327	0. 3956	0. 0371 ***	2. 7
SALEEXP	6 576	0. 0555	0. 0752	-0. 0197 ***	-10. 13
MV	6 576	3 130 000 000	1 890 000 000	1 240 000 000 ***	14. 91
EMPLOYEE	6 576	3 350	2 136	1 214 ***	10. 11
AGE	6 576	6. 2511	6. 4815	-0. 2304 ***	-2. 58
CASH	6 576	0. 1728	0. 1716	0. 0012	0. 33
BETA	6 576	1. 0362	1. 0018	0. 0344 ***	4. 62
LOSS	6 576	0. 1191	0. 1799	-0. 0608 ***	-6. 39

Panel C. 捐赠公司与不捐赠公司　　续表

Variables	N	Donating	Non-donating	Difference	t-Value
ROA	6 576	0. 0364	0. 0189	0. 0175 ***	8. 57
BHR	6208	-0. 0317	-0. 0698	0. 0381 ***	3. 99
GROWTH	6 576	0. 2384	0. 2155	0. 0229 ***	1. 75
CFLOAN	6 056	0. 2874	0. 2615	0. 0259 ***	5. 37
LCOST	6 576	0. 113	0. 1356	-0. 0226 ***	-3. 38
DSUBSI	6 576	0. 6541	0. 5351	0. 1190 ***	9. 76
SUBSIDY	6 576	0. 0023	0. 0021	0. 0002	1. 60
PRIVATE	6 576	0. 239	0. 2883	-0. 0493 ***	-4. 45
PC	6 576	0. 2418	0. 1872	0. 0546 ***	5. 38
INDHHI	6 576	0. 0736	0. 0627	0. 0109 ***	4. 25
DISPERSION	6 576	0. 2115	0. 2227	-0. 0112	-3. 26
INDIR	6 576	0. 3012	0. 2792	0. 022 ***	7. 62
BSIZE	6 576	9. 7614	9. 4628	0. 2986 ***	5. 47
PB	6 576	3. 5733	4. 4842	-0. 9109 ***	-6. 45
LEV	6 576	0. 4946	0. 4998	-0. 0052	-0. 9
GPM	6 576	0. 2545	0. 248	0. 0065 *	1. 67
ENVIND	6 576	0. 4574	0. 3968	0. 0606 ***	4. 93
SALEEXP	6 576	0. 062	0. 0598	0. 0022	1. 3
MV	6 576	2 840 000 000	2 770 000 000	70 000 000	0. 88
EMPLOYEE	6 576	3 436	2 718	718 ***	6. 66
AGE	6 576	6. 3065	6. 3173	-0. 0108	0. 14
CASH	6 576	0. 1743	0. 1711	0. 0032	0. 95
BETA	6 576	1. 0272	1. 0267	0. 0005	0. 08
LOSS	6 576	0. 0977	0. 1636	-0. 0659 ***	-7. 77

注：*、**、*** 分别表示 $p<0.10$，0. 05 和 0. 01。

表 4-3 **相关性分析**

	DCONT	LNCONT	ROA	BHR	GROWTH	CFLOAN	LCOST	DSUBSI	PRIVATE	PC	INDHHI
DCONT	1										
LNCONT	0.3797 ***	1									
ROA	0.1051 ***	0.1175 ***	1								
BHR	0.0506 ***	0.1083 ***	0.2772 ***	1							
GROWTH	0.0215 *	0.0309 **	0.236 ***	0.1187 ***	1						
CFLOAN	0.0689 ***	0.0294 **	-0.0616 ***	-0.0025	0.0082	1					
LCOST	-0.0417 ***	-0.0161	0.0108	0.0084	0.0011	-0.1833	1				
DSUBSI	0.1196 ***	0.0618 ***	0.0026	0.0169	-0.0143	0.1254 ***	-0.0427 ***	1			
PRIVATE	-0.0551 ***	-0.0149	-0.1026 ***	-0.0483 ***	0.0203 *	0.0475 ***	0.0159	-0.0005	1		
PC	0.0663 ***	0.014	0.0263 **	-0.0099	0.0058	-0.0032	-0.0027	-0.0286 **	0.0168	1	
INDHHI	0.0524 ***	0.0853 ***	0.0824 ***	0.0185	0.0092	-0.049 ***	0.0354 ***	0.0205 *	-0.0349 ***	0.0664 ***	1

注：*、**、*** 分别表示 $p<0.10, 0.05$ 和 0.01。

4.3.2 所有权结构、政治关联与公司慈善捐赠

表4-4是模型（1）的回归分析结果，主要用来考察影响我国上市公司慈善捐赠的因素。其中第一列结果是利用Logit模型分析公司慈善捐赠的影响因素，而第二列结果是利用OLS回归分析考察影响公司慈善捐赠金额的因素。结果表明，衡量公司所有权性质的变量Private的系数均在1%水平上显著为负，这说明相较于非国有企业，国有企业更倾向于进行慈善捐赠，并且捐赠金额更大。这一结果与Zhang et al（2009）的发现有所不同，正如本书在理论假设中所预期的那样，我国上市公司在面临重大灾难时的捐赠决策和日常经营时的捐赠决策存在很大差异。而衡量公司政治关联的变量PC的系数在1%显著为正，意味着在CEO的政治关联与公司慈善捐赠之间存在显著的正相关关系，由此，假设4和假设5得到支持。而反映行业竞争度的变量INDHHI与公司慈善捐赠显著正相关，这说明市场力量似乎并不是我国公司慈善捐赠的一个主要驱动力量。

与前人研究的结果一致的是，DISPERSION的系数显著为负，说明第一大股东的持股比例对公司慈善捐赠有显著的负面影响，这支持了Brown et al（2006）、Coffey and Wang（1998）的发现。而INDIR、BSIZE与公司慈善捐赠显著正相关，表明更好的公司治理缓解了代理问题，从而提升了公司慈善捐赠的力度（Brown et al，2006）。ROA，EMPLOYEE和公司规模与公司慈善捐赠正相关，与预期相符。而CASH的系数并不显著，LEV的系数显著为正，同时PB的系数显著为负。上述结果表明公司的资源约束理论无法解释我国上市公司的慈善捐赠。有趣的是，SALEEXP和ENVIND的系数均显著为正，表明有更多市场营销支出和承受了更大社会公众压力的公司倾向进行慈善捐赠。最后，上市年度与公司慈善捐赠显著负相关，意味着公司有着更长的上市历史倾向进行更少的捐赠。

表4-4　　公司慈善捐赠的影响因素

VARIABLES	DCONT		LNCONT	
	Coefficient	z value	Coefficient	t value
PRIVATE	-0.336***	-5.28	-0.858***	-5.03
PC	0.358***	5.63	1.019***	5.89
INDHHI	0.501*	1.91	1.602**	2.31
DISPERSION	-1.526***	-6.93	-4.543***	-7.75
INDIR	1.216***	2.85	3.415***	3.00
BSIZE	0.0311**	2.49	0.0742**	2.21
PB	-0.0336***	-4.12	-0.0515***	-4.00
LEV	0.376***	2.76	1.655***	4.60
GPM	-0.332	-1.53	-0.795	-1.38
ENVIND	0.150***	2.76	0.453***	3.06
SALEEXP	1.715***	3.84	5.697***	4.77
SIZE	0.140***	3.11	0.799***	6.59
EMPLOYEE	0.118***	4.93	0.351***	5.52
ROA	2.998***	6.59	8.320***	7.42
AGE	-0.0256***	-2.76	-0.0831***	-3.31
CASH	-0.113	-0.55	-0.110	-0.20
GROWTH	0.0256	0.49	0.0679	0.49
Year fixed effect	Yes		Yes	
Constant	-4.674***	-5.12	-16.87***	-6.86
Observations	6 576		6 576	
Pseudo R^2/Adj. R^2	0.0436		0.0719	

注：*、**、*** 分别表示 p<0.10，0.05 和0.01。

为了进一步考察企业受到的政府干预、政治关联对慈善捐赠的影响，在此将全样本根据其最终控制人的性质划分为国有企业和非国有企业，在这两组样本中考察影响公司慈善捐赠的因素是否有不同。在国有企业样本中，根据公司的最终控制人的级别可以进一步划分为中央政府控制的国有企业和地方政府控制的国有企业，我们认为这两类企业在慈善捐赠决策上有不同的动机。国家建立中央政府控制的国有企业的首要目的并非是为了获利，而是要控制关键的行业以及保证国民经济的安全（国有资产监督管理委员会，2006）。而地方政府控制的国有企业的目的是增加当地的 GDP，降低地方失业率以及维持地方的社会稳定（Jin et al，2005）。而上级政府对于这两类企业的考核要求也不同。因此，相比中央政府控制的国有企业而言，地方政府对于其控制的国有企业会施加更多的压力，这些压力会迫使地方政府控制的国有企业转移更多的资源来为政府的政策目的服务。Jian and Wong（2010）、Cheung et al（2008）的研究发现与中央控制的国有企业相比，地方政府控制的国有企业更倾向于通过关联交易从企业转移资源来支持它们的母公司。中央政府控制的上市国有企业反而会从中央政府控制的其他非上市国有企业的关联交易中获益（Cheung et al，2008）。相较于中央政府控制的国有企业，地方政府控制的国有企业有更多提供社会服务、增加就业率、保持社会稳定等的压力，这将带来强烈的动机促使公司进行更多的慈善捐赠。因此，我们预期地方政府控制的国有企业更倾向进行慈善捐赠，捐赠金额更大。

按照上述分组对模型（1）进行回归分析的结果见表 4-5。其中表 4-5 的前两列结果报告了在国有企业子样本中政府所有权类型对于慈善捐赠的影响。与上文分析一致的是，变量 Local 的系数在两列结果中均在 1% 的水平上显著为正，这说明地方政府控制的国有企业比中央政府控制的国有企业更倾向进行慈善捐赠，并且捐赠金额也更大。这一结果与表 4-3 的结果类似，同样支持了政府干预下的企业慈善捐赠理论解释，进一步支持了假设 4 的理论分析。

表 4-5　　所有权性质对公司慈善捐赠的影响

VARIABLES	DCONT		LNCONT		DCONT		LNCONT	
	Coefficient	z value	Coefficient	t value	Coefficient	z value	Coefficient	t value
LOCAL	0. 256 ***	3. 57	0. 723 ***	3. 69				
PC	0. 387 ***	5. 15	1. 109 ***	5. 34	0. 223 *	1. 79	0. 639 **	2. 04
INDHHI	0. 675 **	2. 28	2. 016 **	2. 57	0. 0941	0. 15	0. 841	0. 55
DISPERSION	-1. 300 ***	-5. 36	-3. 929 ***	-5. 95	-1. 793 ***	-3. 22	-5. 127 ***	-3. 79
INDIR	0. 800	1. 63	2. 257 *	1. 68	3. 079 ***	3. 40	7. 891 ***	3. 66
BSIZE	0. 0432 ***	3. 08	0. 105 ***	2. 72	0. 0125	0. 44	0. 0357	0. 51
PB	-0. 0318 ***	-3. 41	-0. 0520 ***	-3. 41	-0. 0415 **	-2. 42	-0. 0507 **	-2. 12
LEV	0. 369 **	2. 11	1. 753 ***	3. 67	0. 592 **	2. 50	1. 865 ***	3. 39
GPM	-0. 298	-1. 16	-0. 792	-1. 13	-0. 291	-0. 64	-0. 491	-0. 47
ENVIND	0. 145 **	2. 28	0. 423 **	2. 40	0. 121	1. 09	0. 387	1. 39
SALEEXP	2. 436 ***	4. 36	8. 069 ***	5. 26	0. 108	0. 13	1. 138	0. 59
SIZE	0. 123 **	2. 37	0. 740 ***	5. 20	0. 390 ***	3. 92	1. 502 ***	6. 12
EMPLOYEE	0. 0706 **	2. 51	0. 224 ***	2. 91	0. 195 ***	4. 10	0. 523 ***	4. 59
ROA	2. 131 ***	3. 82	6. 795 ***	4. 58	4. 714 ***	5. 40	9. 686 ***	5. 63
AGE	-0. 0225 **	-2. 05	-0. 0723 **	-2. 38	-0. 0315 *	-1. 77	-0. 103 **	-2. 32
CASH	-0. 228	-0. 92	-0. 389	-0. 58	0. 107	0. 27	0. 376	0. 38
GROWTH	0. 0530	0. 79	0. 125	0. 68	0. 000511	0. 01	0. 0417	0. 20
Year fixed effect	Yes		Yes		Yes		Yes	
Constant	-4. 331 ***	-4. 11	-15. 76 ***	-5. 44	-10. 91 ***	-5. 31	-33. 90 ***	-6. 68
Observations	4 819		4 819		1 757		1 757	
Pseudo R^2/Adj. R^2	0. 0371		0. 0603		0. 0840		0. 120	

注：*、**、*** 分别表示 p<0. 10，0. 05 和 0. 01。

进一步考察政治关联对慈善捐赠决策的影响，本书在非国有企业子样本中重新以模型（1）进行了回归分析，结果见表 4-5 的后两列回归结果。结果表明变量 PC 的系数仍然是显著为正，仅仅是显著性程度有所下降。这说明了有政治关联的非国有企业比没有政治关联的非国有企业更倾向进行慈善捐赠，并且捐赠金额更大。

4.3.3 公司慈善捐赠与公司未来业绩

表4-6报告了采用会计业绩和市场业绩衡量的公司未来绩效的模型（2）的回归分析结果。结果表明，变量 DCONT 和 LNCONT 的估计系数在会计业绩（ROA）和市场业绩（BHR）的回归结果中均显著为正，表明公司上一期间的慈善捐赠与公司当期的业绩正相关，假设6得到支持。本书提供的经验证据与现有文献的研究一致，即公司进行慈善捐赠以提高公司的业绩和价值（Patten，2008；Su and He，2010）。①

在了解到我国上市公司慈善捐赠与公司未来业绩之间存在正相关关系，接下来我们需要解决的问题是：究竟我国公司慈善捐赠是如何影响公司业绩的？其中的机制和影响途径是什么？为了回答这些问题，在此将根据现有文献的研究，对公司慈善捐赠与公司未来业绩之间的关系进行考察。

Lev et al（2010）发现公司慈善捐赠与公司未来销售收入的增长正相关。他们认为公司慈善捐赠可以有助于增强顾客满意度，因此提高未来的销售，其理论与慈善捐赠是策略性的（strategic）并且由利益最大化原则驱动的理论（Fry et al，1982；Navarro，1988；Brown et al，2006）一致。根据他们的研究，我国上市公司在进行慈善捐赠决策时，也可能是考虑“做好事以做得更好”（do good in order to do well）。为了考察我国上市公司进行慈善捐赠决策时是否考虑通过捐赠来提高公司未来的销售收入，我们考察了公司慈善捐赠与未来期间的销售收入之间的关系，以检验公司慈善捐赠是否通过提高销售收入来提高公司业绩。

① 在此要提醒读者的是，在公司慈善捐赠和公司业绩之间的正相关关系并不能说明公司慈善捐赠和业绩之间存在着因果关系。

表 4-6　　公司慈善捐赠对公司未来业绩的影响

VARIABLES	NTROA		NTROA		BHR		BHR	
	Coefficient	t value	Coefficient	t value	Coefficient	t value	Coefficient	t value
DCONT	0. 00935 ***	4. 61			0. 0139 **	2. 03		
LNCONT			0. 000819 ***	4. 72			0. 00116 **	1. 98
PRIVATE	-0. 00560 **	-2. 38	-0. 00564 **	-2. 40	0. 00389	0. 49	0. 00378	0. 47
PC	0. 000217	0. 09	0. 000154	0. 06	-0. 00518	-0. 62	-0. 00523	-0. 62
GROWTH	0. 00954 ***	4. 89	0. 00954 ***	4. 89	0. 0411 ***	6. 20	0. 0411 ***	6. 21
SIZE	0. 0143 ***	9. 20	0. 0140 ***	8. 95	0. 123 ***	23. 29	0. 123 ***	23. 12
ROA	0. 466 ***	31. 27	0. 465 ***	31. 18	0. 647 ***	13. 09	0. 646 ***	13. 06
LEV	0. 00746	1. 44	0. 00683	1. 32	0. 0350 **	2. 01	0. 0342 **	1. 96
AGE	-0. 00139 ***	-3. 98	-0. 00139 ***	-3. 97	-0. 00444 ***	-3. 60	-0. 00444 ***	-3. 61
PB	-0. 000245	-1. 35	-0. 000243	-1. 34	0. 00253 ***	3. 96	0. 00253 ***	3. 95
SALEEXP	0. 0205	1. 26	0. 0195	1. 19				
BETA					-0. 0693 ***	-5. 06	-0. 0694 ***	-5. 07
Industry fixed effect	Yes		Yes		Yes		Yes	
Year fixed effect	Yes		Yes		Yes		Yes	
Constant	-0. 331 ***	-9. 49	-0. 323 ***	-9. 25	-2. 507 ***	-20. 78	-2. 496 ***	-20. 63
Observations	6 576		6 576		6 208		6 208	
Adj. R^2	0. 283		0. 283		0. 513		0. 513	

注：*、**、*** 分别表示 p<0. 10，0. 05 和 0. 01。

公司慈善捐赠和未来期间销售收入增长之间的回归分析见表4-7。其中因变量是公司下一期间的销售收入增长率。结果表明，变量 DCONT 和 LNCONT 的系数在结果中均为正，但不显著，表明公司慈善捐赠与公司未来销售收入增长之间不存在显著的关系。这意味着表4-6 中发现的公司慈善捐赠和业绩之间正相关关系并非是通过提升公司声誉（Brammer and Millington，2005）或者顾客满意度（Lev et al，2010）来实现的。

表4-7　**公司慈善捐赠对公司未来销售收入增长率的影响**

VARIABLES	NTGROWTH		NTGROWTH	
	Coefficient	t value	Coefficient	t value
DCONT	0.00189	0.12		
LNCONT			-0.000176	-0.14
PRIVATE	0.0141	0.81	0.0139	0.79
PC	-0.0114	-0.62	-0.0112	-0.60
GROWTH	0.00112	0.08	0.00116	0.08
SIZE	-0.0289**	-2.49	-0.0286**	-2.45
ROA	0.732***	6.58	0.734***	6.60
SALEEXP	0.620***	5.11	0.622***	5.12
LEV	0.170***	4.41	0.170***	4.42
AGE	-0.00697***	-2.67	-0.00699***	-2.68
PB	0.00213	1.58	0.00211	1.56
Industry fixed effect	Yes		Yes	
Year fixed effect	Yes		Yes	
Constant	0.673***	2.59	0.669**	2.57
Observations	6 576		6 576	
Adj. R^2	0.0359		0.0359	

注：*、**、*** 分别表示 p<0.10，0.05 和 0.01。

为了考察公司慈善捐赠与公司业绩之间的影响途径和作用机制，根据本书的理论分析，我们分析我国上市公司的慈善捐赠是否能够增强公司与政府的政治声誉（political goodwill）。考虑到政治声誉无法直接被观察和衡量，我们的分析重点则在于政治声誉的结果，即公司的慈善捐赠是否有助于提高公司获得政府控制的特殊资源的可能性，例如银行贷款和政府补贴①。对于银行贷款，我们通过以下两种方式来进行衡量：（1）CFLOAN，公司新增的银行贷款和其他借款除以公司总资产；（2）LCOST，公司的贷款成本，即利息支出除以公司的银行贷款。第一个指标主要是衡量公司相对于自身规模新增的银行贷款；第二个指标是衡量公司的贷款成本高低。我们建立虚拟变量 DSUBSI 来衡量公司的政府补贴，当公司当年获得了政府的补贴时取 1，否则取 0②。如果公司慈善捐赠能够提高公司的政治声誉，这会使得公司能够更容易获得政府控制的资源。基于此，我们预期慈善捐赠与公司新增银行贷款和政府补贴正相关，与公司的贷款成本负相关。

表 4-8 的 Panel A 列示了公司慈善捐赠与银行贷款、政府补贴的回归结果。变量 DCONT 对于 CFLOAN 回归的系数显著为正，并且对于 LCOST 回归的系数显著为负。综合两个结果，可以认为公司的慈善捐赠会获得更多的银行贷款，并且贷款的成本也更低。类似的，变量 DCONT 和 LNCONT 对于 DSUBSI 回归的系数显著为正，说明进行了慈善捐赠的公司更有可能获得政府的直接补贴。有趣的是，在 6 个回归结果当中，仅仅一个结果中变量 Private 的系数显著，而变量 PC 的系数均不显著，这表明政府干预和政治关联并没有直接影响了银行贷款和政府补贴，而是通过慈善捐赠来影响的。

---

① 政府补贴可能有以下的形式：税收返还、直接补贴、对于政府经济计划中支持的特定产品或行业的资金支持、特定部门的亏损补贴、经济发展中优先支持的部门和行业的补贴等。

② 利用连续变量——即补贴的金额——进行下列的回归分析，得到的结果与虚拟变量的分析类似，考虑到篇幅问题，在此仅报告虚拟变量的结果。

表 4-8 公司慈善捐赠对企业贷款、政府补贴的影响

Panel A. 全样本的回归结果

VARIABLES	CFLOAN		CFLOAN		LCOST		LCOST		DSUBSI		DSUBSI	
	Coefficient	z value	Coefficient	z value	Coefficient	z value	Coefficient	z value	Coefficient	z value	Coefficient	z value
DCONT	0.0245 ***	5.25			-0.0231 ***	-3.41			0.453 ***	8.36		
LNCONT			0.00210 ***	5.26			-0.00188 ***	-3.26			0.0403 ***	8.64
PRIVATE	0.00968 *	1.78	0.00953 *	1.75	-0.0120	-1.53	-0.0118	-1.50	-0.0433	-0.69	-0.0449	-0.72
PC	-0.00335	-0.58	-0.00348	-0.60	0.00704	0.85	0.00707	0.86	-0.0866	-1.32	-0.0900	-1.37
INDIR	0.141 ***	3.83	0.141 ***	3.82	-0.0979 *	-1.83	-0.0980 *	-1.83				
BSIZE	-0.000310	-0.28	-0.000294	-0.27	-0.00271 *	-1.72	-0.00273 *	-1.74				
SIZE	0.00780 **	2.11	0.00691 *	1.86	-0.0418 ***	-7.92	-0.0411 ***	-7.76	0.332 ***	7.74	0.317 ***	7.38
GROWTH	-0.0124 ***	-2.69	-0.0124 ***	-2.69	0.00655	1.01	0.00651	1.00	-0.0795	-1.54	-0.0787	-1.52
MORTGAGE	-0.0640 ***	-4.14	-0.0636 ***	-4.12	-0.0141	-0.64	-0.0145	-0.66				
ROA	0.208 ***	5.76	0.206 ***	5.70	0.0144	0.29	0.0154	0.31	-0.744	-1.41	-0.797	-1.51
LEV	0.340 ***	24.41	0.338 ***	24.25	-0.149 ***	-8.64	-0.147 ***	-8.56	0.773 ***	5.36	0.742 ***	5.15
AGE	-0.00113	-1.39	-0.00112	-1.38	0.000620	0.53	0.000618	0.53	0.0180 *	1.92	0.0182 *	1.95
PB	-0.000394	-0.88	-0.000393	-0.88	0.00303 ***	5.02	0.00303 ***	5.03				
LOSS									-0.400 ***	-3.65	-0.403 ***	-3.67
Industry fixed effect	Yes		Yes		Yes		Yes		Yes		Yes	
Year fixed effect	Yes		Yes		Yes		Yes		Yes		Yes	
Constant	-0.0453	-0.56	-0.0255	-0.31	1.073 ***	9.26	1.057 ***	9.09	-6.919 ***	-7.23	-6.591 ***	-6.88
Observations	6 056		6 056		6 576		6 576		6 576		6 576	
Adj. R^2/Pseudo R^2	0.120		0.120		0.0410		0.0409		0.0547		0.0553	

Panel B. 有政治关联样本的回归结果

续表

VARIABLES	CFLOAN		CFLOAN		LCOST		LCOST		DSUBSI		DSUBSI	
	Coefficient	z value	Coefficient	z value	Coefficient	z value	Coefficient	z value	Coefficient	z value	Coefficient	z value
DCONT	0.0167 ***	3.29			-0.0228 ***	-3.01			0.444 ***	7.35		
LNCONT			0.00144 ***	3.34			-0.00182 ***	-2.82			0.0386 ***	7.46
INDIR	0.141 ***	3.54	0.142 ***	3.54	-0.0756	-1.26	-0.0760	-1.27				
BSIZE	-0.000164	-0.14	-0.000150	-0.13	-0.00298 *	-1.72	-0.00302 *	-1.74				
SIZE	0.00350	0.88	0.00292	0.73	-0.0397 ***	-6.73	-0.0391 ***	-6.60	0.284 ***	5.99	0.271 ***	5.70
GROWTH	-0.0179 ***	-3.33	-0.0178 ***	-3.33	0.00872	1.12	0.00870	1.11	-0.0999	-1.61	-0.0992	-1.59
MORTGAGE	-0.0894 ***	-5.35	-0.0891 ***	-5.34	-0.00325	-0.13	-0.00365	-0.15				
ROA	0.184 ***	4.34	0.182 ***	4.30	0.0568	0.95	0.0580	0.97	-1.553 **	-2.42	-1.605 **	-2.50
LEV	0.426 ***	25.72	0.424 ***	25.60	-0.216 ***	-10.01	-0.215 ***	-9.93	1.105 ***	6.16	1.071 ***	5.97
AGE	-0.00121	-1.35	-0.00121	-1.34	-0.000533	-0.40	-0.000536	-0.40	0.0291 ***	2.71	0.0293 ***	2.73
PB	-0.000873 *	-1.77	-0.000873 *	-1.76	0.00283 ***	4.03	0.00284 ***	4.05				
LOSS									-0.490 ***	-3.85	-0.492 ***	-3.862
Industry fixed effect	Yes		Yes		Yes		Yes		Yes		Yes	
Year fixed effect	Yes		Yes		Yes		Yes		Yes		Yes	
Constant	0.0452	0.52	0.0583	0.67	1.057 ***	8.20	1.041 ***	8.06	-6.001 ***	-5.69	-5.703 ***	-5.40
Observations	4 805		4 805		5 209		5 209		5 209		5 209	
Pseudo R^2/Adj. R^2	0.161		0.161		0.0503		0.0501		0.0578		0.0581	

注：*、**、*** 分别表示 p<0.10，0.05 和 0.01。

为了进一步考察公司慈善捐赠是否能够增强公司获得政府控制的关键资源的可能性，特别是对于那些已经建立起政治关联的公司来说。我们以那些具有政治关联的公司（即国有企业并且具有政治关联）子样本重复了表4-8 Panel A的回归分析，结果见表4-8 Panel B。Panel B的结果与Panel A的结果类似，证明我国上市公司慈善捐赠确实能够提升公司的政治声誉，从而增加公司获得政府控制的关键资源的可能性。这解释了我国公司慈善捐赠是如何影响公司业绩的，其途径是通过增强与政府的政治声誉。

4.3.4 内生性分析

现有研究文献里面比较关注的一个问题是内生性。我们可能会怀疑公司慈善捐赠与公司业绩之间是内生影响的，如果确实是这样，那么表4-6中对于公司慈善捐赠的估计系数可能存在偏差，不够可靠。为了避免内生性问题对我们结果的影响，我们通过三阶段的最小二乘法构建联立方程系统对公司慈善捐赠和业绩之间进行了再次检验（Durnev and Kim，2005）。结果列在表4-9的Panel A中，可以发现变量LNCONT的系数仍然显著为正，结果没有改变。

同样的，内生性问题不仅影响慈善捐赠和公司业绩之间的关系，也可能影响慈善捐赠和银行贷款之间的关系。我们运用与上面同样的三阶段回归的联立方程，控制慈善捐赠与银行贷款之间的内生性问题，结果见表4-9的Panel B。在慈善捐赠的回归中，LNCONT是因变量，而银行贷款和其他控制变量是自变量，在银行贷款回归中，银行贷款是因变量，而慈善捐赠和其他控制变量是解释变量。同样的，Panel B的结果发现在慈善捐赠和银行贷款之间在三阶段回归中仍然存在显著的正相关关系，这说明表4-6和表4-8的回归分析中内生性问题并不严重，我们的结果具有较高的可靠性。

表 4-9　公司慈善捐赠对公司贷款、政府补贴的影响

Panel A. 慈善捐赠与 ROA 的三阶段回归

VARIABLES	NTROA		LNCONT	
	Coefficient	t value	Coefficient	t value
LNCONT	0.00193 ***	11.17		
NTROA			11.26 ***	13.55
PRIVATE	−0.00488 **	−2.09	−0.787 ***	−4.62
PC	−0.000984	−0.40	0.988 ***	5.72
GROWTH	0.00937 ***	4.82	0.0483	0.35
SIZE	0.0130 ***	8.31	0.703 ***	5.84
ROA	0.460 ***	30.96		
SALEEXP	0.0137	0.85	4.907 ***	4.26
LEV	0.00503	0.98	1.165 ***	3.45
AGE	−0.00134 ***	−3.83	−0.0748 ***	−2.99
PB	−0.000180	−1.00	−0.0478 ***	−3.72
INDHHI			1.521 **	2.20
DISPERSION			−4.697 ***	−8.04
INDIR			3.343 ***	2.95
BSIZE			0.0776 **	2.32
GPM			−0.720	−1.30
ENVIND			0.445 ***	3.02
EMPLOYEE			0.366 ***	5.80
CASH			−0.00194	−0.00
Industry	Yes			
Year	Yes		Yes	
Constant	−0.303 ***	−8.70	−14.72 ***	−6.03
Observations	6 576		6 576	
Chi-squared	2763		656.7	

Panel B. 慈善捐赠与银行贷款的三阶段回归 续表

VARIABLES	CFLOAN		LNCONT		LCOST		LNCONT	
	Coefficient	z value	Coefficient	z value	Coefficient	z value	Coefficient	z value
LNCONT	0.00421 ***	10.62			-0.00358 ***	-6.21		
LOAN			4.578 ***	11.10			-1.392 ***	-5.30
PRIVATE	0.0109 **	2.00	-0.941 ***	-5.27	-0.0128	-1.64	-0.866 ***	-5.08
PC	-0.0059	-1.03	1.134 ***	6.21	0.00882	1.07	1.021 ***	5.91
INDIR	0.135 ***	3.65	2.247 *	1.89	-0.0920 *	-1.72	3.287 ***	2.89
BSIZE	-0.000481	-0.44	0.0460	1.30	-0.00252	-1.61	0.0712 **	2.12
SIZE	0.00527	1.43	0.756 ***	5.94	-0.0398 ***	-7.54	0.738 ***	6.08
GROWTH	-0.0123 ***	-2.68	0.0791	0.53	0.00654	1.01	0.0745	0.54
MORTGAGE	-0.0637 ***	-4.14			-0.0139	-0.63		
ROA	0.189 ***	5.23	8.000 ***	6.44	0.0276	0.56	8.346 ***	7.46
LEV	0.333 ***	23.97	0.583	1.26	-0.144 ***	-8.40	1.455 ***	4.03
AGE	-0.00103	-1.27	-0.0805 ***	-3.06	0.000557	0.48	-0.0811 ***	-3.24
PB	-0.000268	-0.60	-0.0516 ***	-3.60	0.00294 ***	4.88	-0.0472 ***	-3.66
INDHHI			2.456 ***	3.18			1.765 **	2.55
DISPERSION			-4.148 ***	-6.77			-4.469 ***	-7.64
GPM			-0.129	-0.20			-0.861	-1.50
ENVIND			0.416 ***	2.70			0.448 ***	3.04
SALEEXP			5.880 ***	4.58			5.918 ***	4.97
EMPLOYEE			0.333 ***	4.99			0.345 ***	5.43
CASH			0.421	0.71			-0.0274	-0.05
Industry	Yes				Yes			
Year	Yes		Yes		Yes		Yes	
Constant	0.00679	0.08	-16.62 ***	-6.42	1.031 ***	8.89	-15.28 ***	-6.18
Observations	6 056		6 056		6 576		6 576	
Chi-squared	955.5		624.2		343.5		565.4	

4.4 小　结

本章考察了我国上市公司日常慈善捐赠的影响因素和经济后果。结果表明国有企业、有政治关联的企业更倾向于进行慈善捐赠，并且捐赠金额更大。我们同样发现与中央政府控制的国有企业相比，地方政府控制的国有企业更倾向于进行慈善捐赠，并且捐赠金额更大。上述结果与研究我国重大灾难——2008 年的汶川地震——时公司捐赠所发现的结果并不一致（Zhang et al，2009）。此外，实证结果表明资源约束理论和行业竞争理论均无法解释我国上市公司的慈善捐赠行为。从经济后果的分析来看，我们发现公司慈善捐赠和未来业绩之间存在正相关关系，但慈善捐赠对于公司未来的销售收入增长没有影响。进一步的分析表明公司通过慈善捐赠，能够获得更多的政府控制的关键资源，例如银行贷款和政府补贴等，这支持了政治声誉理论。

本章的实证结果与现有文献的理论及证据不同，现有文献普遍认为公司利用慈善捐赠作为营销的工具以增强公司在顾客中的声誉和产品品牌价值。而本章的结果更多地表明我国公司的慈善捐赠反映了政府的政治干预和政治联系，我国的上市公司利用慈善捐赠来建立政治声誉，以获得政府控制的关键资源，如银行贷款、政府补贴等等。上述结果与企业是否为国有企业以及其 CEO 是否有政治联系关系不大。

5 政治干预与企业环境资本支出

我国改革开放30多年来，经济保持了接近10%的增长速度，GDP从1978年的2 683亿美元增长到2010年的58 791亿美元，位居世界第二，取得了举世瞩目的巨大成就。但我国过去的经济增长模式以粗放式为主，即通过投入资源的增加来推动经济的发展，靠牺牲资源和环境以及低成本的人力优势，来谋取GDP的高增长。这种增长模式的代价包括对环境的破坏与资源的透支。近年来，我国环境危机已经开始逐步得到政府和社会的重视，但由于经济发展方式尚未得到根本性改变，发展和环境的深层次矛盾尚未得到有效解决，我国环境保护的压力仍然巨大。国家环境保护部副部长潘岳表示，中国环境状况“局部好转、总体恶化”的态势未变，环境形势依然严峻。[①]《国家环境保护“十一五”规划中期评估报告》也称：“我国环境保护工作取得积极成效，但环境污染总体尚未得到遏制，环境监管能力依然滞后，形势依然严峻。”由美国耶鲁大学环境法律与政策中心、哥伦比亚大学国际地球科学资讯网络（Center for International Earth Science Information Network，CIESIN），以及世界经济论坛所合作发布的环境绩效指数（Environmental

① 国家环境保护部副部长潘岳在“2011年全国环境宣传教育工作会议”指出，“十二五”期间，我国环境保护面临着四方面巨大压力：治污减排的压力继续加大；环境质量改善的压力继续加大；防范环境风险的压力继续加大；西方对中国的环境压力继续加大。

Performance Index，EPI）显示，在全球132个国家中，我国2000—2010年的环境绩效在108～116名之间徘徊，并且呈现逐年下降的趋势，这与潘岳副部长提到的中国环境状况“局部好转、总体恶化”的态势相吻合。

环境保护是关系到一个国家和地区可持续发展的重要因素，很早就受到社会各界的关注，学术界对此也进行了大量的研究。目前，基于我国背景的环境保护与环境绩效方面的研究，绝大部分集中于宏观领域，如考察影响我国各省环境绩效（污染）的因素（于峰等，2006），其中与碳排放有关的研究较为丰富（陈诗一等，2010等）；此外，部分研究将环境因素纳入经济发展与生产效率的框架中，考察环境技术效率、环境全要素生产率的影响（涂正革，2008；陈诗一，2011）。但从微观角度考察企业环境绩效的研究非常少，仅有少数几篇文献讨论我国企业环境信息披露（Zeng et al.，2012；沈洪涛、李余晓璐，2010；沈洪涛等，2010），缺乏将制度环境、企业环境绩效、企业财务特征结合起来研究的理论研究与实证检验。从企业的微观层面，以下问题尚未得到充分的回答：影响我国企业环境投入与环境绩效的因素有哪些？政府的政治干预、企业所有权结构等制度特征是否有影响作用？企业的环境投入与环境绩效是否具有经济后果？面临国家日趋严格的环境核查与监管，企业的理性战略与商业决策是什么？

考虑到企业环境保护投入和环境绩效对于我国国民经济可持续发展、企业经营决策、社会和谐等方面的重要理论和实践意义，为了回答上述问题，本章通过手工收集了我国8个重污染行业上市公司2001—2010年的环境资本支出数据，考察影响我国企业环境投入的制度因素及其经济后果。考察结果表明，与非国有企业相比，国有企业更倾向于进行环境资本支出投资；在国有企业中，第一大股东持股比例越大，企业越倾向于增加环境资本支出，而非国有企业中第一大股东持股比例与企业环境资本支出没有显著的关系；与以前年度相比，2006年以后非国有企业倾向于加大环境资本投资，而国有企业没有显著的变化。进一步的分析指出，国有企业的环境资本支出与托宾Q值呈显著的负相关关系，而非国有企业的环境资本支出与托宾Q值无显著关系。总体而言，本书的经验证据表明，在我国来自政府的压力是影响企业环境投入与环境绩效的重要制度因素，而非西方文献所认为的合法性理论、利益相关者理论、声誉理论等。

我们的研究可能存在以下几个方面的贡献：

第一，目前，主流文献关于企业环境决策与绩效的理论均源于西方成熟资本市场环境，从新古典经济学过渡到合法性理论与利益相关者理论，再回归到政治经济学，主要关注法律遵从、商业伦理、市场力量等方面对企业社会责任与环境决策的影响（沈洪涛，2010），而我们的研究证实了在中国这样一个法律执行较弱的新兴市场中（Allen et al.，2005），法律执行之外的政治干预才是推动企业进行环境投资的决定性因素，这为一系列相关理论研究提供了经验证据（See，2009；黎文靖，2011，2012），丰富和补充了主流文献的企业环境决策与绩效理论。

第二，我们将目前我国微观企业环境研究从环境信息披露方面拓展到环境绩效方面，有助于更好地理解我国企业环境投入、环境绩效、环境信息披露之间的关系，为深入地考察企业在环境方面的决策提供了一个新的视角，对现有文献有所增益（Zeng et al.，2012；沈洪涛、李余晓璐，2010；沈洪涛等，2010）。

第三，本书将企业政治关联在资源配置中的作用以及对企业价值的影响，从公司财务、会计等经营性决策方面，拓展到环境投资、公司社会责任等非盈利性经营行为方面，对目前一系列讨论我国企业政治关联的现有文献有所贡献（Chen et al.，2010；Fan et al.，2007；Wu et al.，2012等）。

第四，与西方发达国家相比，我国具有强烈的转轨经济制度特征，产权保护较弱，法律执行不力，单一的 GDP 考核指标加剧了地方政府官员罔顾环境恶化与生态破坏进行经济发展。国外成熟市场体系中的环境保护的监管模式并不完全适合我国国情和现实需要，本书基于我国转轨经济制度背景下企业环境投资的研究为监管部门进行环境政策法规制定和环境监管提供借鉴和支持。

5.1 研究假设

在财政联邦主义和政治锦标赛的制度背景下，地方政府官员面临着政治晋升和地区财政约束的双重激励，也面临着政绩考核下的经济发展动力。我国现行的政治激励体系暗含着“GDP 至上”的潜规则，政府官员在政治晋升激励下，辖区内经济增长水平与自身利益密切相关。Allen et al.（2005）研究表明，相对于国有部门和上市公司部门，私有部门对我国经济增长起了更大的推动作用。这意味着，地方政府官员在晋升激励下要追求更高的 GDP 增速，相对于国有部门，更为重要的是保护当地私营经济的发展。此外，财政收入激励同样也会鼓励地方政府官员关注非国有经济的发展。国有企业或者因为存在预算软约束，或者由于所有者无法有效地监督经营者而造成效率低下，但又占用了大量资源，并且大部分的资源是从非国有经济转移，作为事实上对国有经济的补贴。与国有企业相比，私营企业完全以盈利为目的，更加强调经济回报，追求高效管理，努力降低成本实现利润最大化的目标。因此，为了解决财政压力，地方政府不得不大力扶持非国有经济的发展。Jin et al.（2005）通过研究 1982—1992 年地方政府和中央政府之间的收入留成率发现，更大力度的财政下放和地方政府更强的财政动机促进了地方非国有企业的快速发展。考虑到环境业绩对于企业短期利益的损害，双重激励下的地方政府官员对非国有企业在环境绩效方面的要求更低，非国有企业在较低的环保压力下，其环境资本投资较低。

卢现祥、许晶（2012）选取我国2003—2009年的省级面板数据，考察了国有企业、私营企业和外商港澳台企业与区域工业污染之间的关系，结果表明，国有企业、私营企业和外商港澳台企业的环境污染效应均为正，这三类企业的发展均会导致环境状况恶化。环境具有公共物品属性，治理污染需要购买治污设备或者创新技术，将增加企业的成本和降低利润。尽管私营企业在资源利用上有更高的效率，但它们并不一定会将环境成本内部化。而且我国的私营企业大多是中小型企业，规模较小，采取治污措施、加大环保的技术投入与资金投入方面能力有限，在“追求利润最大化，最大化股东利益”的导向下，也没有承担减少污染排放、保护环境的动力。在面对是否参与环境保护的选择时，私营企业希望享受到其他企业治理污染所带来的好处，“搭便车”的动机可能更加强烈。而国有企业除了考虑经济利益外，还强调政治与社会利益，需要承担一些非营利性任务，要考虑国家和当地的社会福利，承担一定的社会责任。如Bai et al.（2006）发现，政府作为国有企业的最大股东，会从企业中转移财富以维持社会的稳定。同时，国有企业一般会受到保护和扶持，不用担心由此遭受经济损失。国有企业有动机将环境成本内部化（彭海珍、任荣明，2004），承担一定的提高资源利用效率、减少污染排放和保护环境的社会责任。综合政府角度与企业角度两方面的分析，我们提出假设8：

假设8：与非国有企业相比，国有企业更倾向于进行企业环境资本支出投资。

西方文献中关于企业环境绩效与环境监管、政治压力方面的研究，其中对于政治压力和监管考察大部分是基于监管部门态度变化、法规出台等间接的衡量，而我国政府在国有企业中的持股为我们直接衡量政府的政治干预与压力提供了研究机会。Li and Zhang（2010）利用我国上市公司具有不同的所有权结构，区分国有企业与非国有企业分别考察了股权集中度与公司社会责任的影响。他们认为，在不同的所有权类型企业中，股权集中度反映的含义不一致。其中，在国有企业中更高的股权集中度代表了政府对企业的控制力以及政府干预程度，而非国有企业中更高的股权集中度将反应大股东与中小股东的第二类代理问题。政府面对的是一个多目标的任务体系，除了辖区经济发展外，还包括社会稳定、环境保护、民众就业等政治目标，这些都与当地政府与官员的利益密切相关。为了追求政治目的，在一定情况下政府官员还会牺牲经济利益，因此，作为国有企业的大股东——政府有动机从企业中转移财富来维持社会稳定（Bai et al.，2006）。国有企业高管事实上面临着双重激励，一方面是经济利益的激励，另一方面是政治晋升激励，后一种激励使得高管会努力符合政府的期望。国有企业更高的股权集中度意味着政府对企业更强的控制力，其带来的更大压力促使高管投资于有助于维持社会稳定的项目，从而提高公司的社会责任水平（See，2009）。在非国有企业中，更高的股权集中度可能意味着更严重的第二类代理问题，那么大股东会通过利益输送行为来剥削中小股东，乃至其他利益相关者，不仅会使企业价值下降，同时社会责任水平也会降低（See，2009）。Li and Zhang（2010）提供了符合上述理论预期的经验证据。考虑到公司环境投资是社会责任的一个重要（甚至是最重要的）方面，Li and Zhang（2010）的逻辑也适用于本章的讨论。参照 Li and Zhang（2010）对股权集中度的定义，本章也采用第一大股东持股比例来衡量公司的股权集中度，并提出以下假设：

假设 9a：国有企业中，第一大股东持股比例与公司环境资本支出显著正相关；

假设 9b：非国有企业中，第一大股东持股比例与公司环境资本支出显著负相关。

如前文分析，在企业环境投入和环境绩效研究中容易受到内生性问题的影响，一个较好避免内生性影响的途径是采用外部事件构造自然实验进行研究。由于本章样本时间跨度较长，在这期间中央政府对于环境保护乃至于公司社会责任整体态度的变换提供了这样一个自然实验研究的机会。黎文靖（2011，2012）指出，2006 年党中央和中央政府确立以“构建社会主义和谐社会”为长远目标，很大程度上体现了中央政府整体战略方针的转变，从单纯追求经济增长向可持续发展转变，对我国企业公司社会责任及其信息披露的发展起了很大的推动作用。黎文靖（2012）指出，在 2006 年以后，我国企业公司社会责任报告发布数量呈现爆发式的增长势头，很大程度上是由于政府思路的转变。基于这样的逻辑，我们可以推断 2006 年以来国家应该更为重视环境保护，企业受到政府的环保压力更大，更倾向于进行环境投资以及投资规模更大来缓解政治压力。

此外，2005 年，国家发改委、国家环境保护部、统计局联合下发通知：从 2006 年开始实施 GDP 能耗指标公报制度。其中通知要求“各地区要按照建立体现科学发展观和正确政绩观要求，结合构建经济社会发展综合评价体系和干部实绩考核评价体系，研究建立 GDP 能耗指标考核机制，将能源节约目标逐级分解，明确责任，狠抓落实。”从通知的内容来看，一个最为重要的变化是将能耗和环境保护纳入政府官员政绩考核体系中，这意味着中央政府对政府官员升迁制度的改革。① 根据前文对制度背景的分析，当中央政府将环境保护纳入升迁考核中，地方政府官员在晋升激励下，会改变对环境保护的态度，对辖区企业施加更多的压力，哪怕在一定程度上降低辖区的财政收入。

假设 8 的分析指出，国有企业与非国有企业受到的地方政府环

① 我们跟踪了将绿色 GDP 纳入官员政绩考核与升迁评价制度的实施情况，整体来说并没有得到非常严格的执行，但我们认为，这至少代表了中央政府态度的变化，以及对于地方政府官员在环境保护方面压力的增强。这将增强企业所受到的环保压力。

境保护压力不同，以及地方政府对企业干预程度不同而带来的在环境保护方面行动力的不同。2006 年以后，政府对企业施加的环保压力增强，在此之前可能已经进行了一定程度环境保护投资的国有企业，其排污程度、废物回收利用等环境保护程度与业绩相较于非国有企业而言处于一个较高水平上，能够满足政府的监管要求，哪怕是 2006 年以后在政府更强的环保监管要求下增加环境资本支出，对比 2006 年以前的环境资本支出增加额也不会太大。而非国有企业的情况恰恰相反，考虑到环境资本支出需要耗费企业资源，在政府专注经济发展、环境法规执行不力、环境监管不严的时期，可以想象以利润最大化为目标的非国有企业基本不会投资于环境保护方面。但 2006 年后，随着地方政府对辖区内整体环境水平要求的提高，原本没有进行或者较少进行环境资本投资的非国有企业为了达到政府监管最低要求，必须进行增量较大的环境资本支出，与 2006 年以前相比非国有企业的环境资本支出应呈现一个较为显著的增长。

因为关注过我国上市公司的环境资本支出和环境绩效的文献非常少，本章在此借用社会责任中另一重要维度——慈善捐赠来支持本章的理论推导。目前，很多新闻报道均指出民企捐赠活跃，比以前有大幅提高，但国企捐赠变化不大，甚至央企还出现较大幅度下降。[①] 这些报道说明，在最近几年，以民企为代表的非国有企业社会责任水平的提升。其背后的原因甚至可能是民企利益最大化的策略性决策，反映了政治干预与政治关联。薛爽、肖星（2011）的研究证实，民营企业的捐赠行为是策略性的，其利用捐赠巩固政治关联，从而进一步获得政府的支持。根据这一逻辑，当环境保护成为政府所关心的重点所在，非国有企业同样可以通过增加环境保护

① 王羚．民企捐赠活跃 国企下滑明显［N/OL］．［2012 - 05 - 25］．http：//business. sohu. com/20120525/n344029604. shtml。

投资来巩固政治关联，从而为获得更多的政府支持积累基础，因此我们能够预期当地方政府环境保护压力增强时，非国有企业应当给予积极的反应，增加环境资本支出。

由此，我们提出以下假设：

假设10a：与2006年以前相比，国有企业在2006年以后环境资本支出态度无显著变化；

假设10b：与2006年以前相比，非国有企业在2006年以后更倾向于进行环境资本支出。

为了进一步考察来自地方政府的干预与压力是否是影响企业环境资本支出的重要因素，本章还区分国有企业与非国有企业对企业环境资本支出与经济业绩之间的关系进行分析。针对企业经济业绩的分析，本章更关注市场业绩，这是因为：第一，企业环境资本支出是一项长期的投资，我们很难预期它是否能在较短时间内产生现实效益；第二，由此带来的企业声誉提高、法律诉讼风险降低等方面的经济利益在一个较长的时期才能体现出来，短期的会计业绩变化不足以有效地捕捉企业环境资本支出的经济后果；第三，与会计业绩不同，市场能够在很短时间内消化公司的信息，从而将企业环境资本支出的经济后果反应在市场业绩中①。已有部分针对新兴市场的研究考察了公司环境业绩、社会责任对市场业绩的影响，如Dasgupta et al.（1997）发现资本市场对于中国公司获得的环境奖励给予了正面的反应，Cheung et al.（2010）利用亚洲的样本提供了在公司社会责任与市场估值之间存在显著的正相关关系。

假设8和9的分析表明，国有企业的环境资本支出更多的是基

① 当然，市场业绩会存在噪音较大的问题，并且一个关键的前提是中国资本市场投资者是否会关注公司环境资本支出信息。本章事实上利用环境资本支出反映出企业在环保方面的态度及其绩效，而已有证据表明，我国资本市场投资者会关注企业环境保护、社会责任方面的信息（孙亮、刘春，2010），这表明本章运用市场业绩的前提是存在的。而我们仅试图考察企业环境资本支出与市场业绩之间的相关关系，受市场业绩所包含的噪音影响较小。

于政府压力下的结果，并不是企业管理层综合考虑了长期利益与短期利益平衡后做出的决策。在这一过程中，政府有动机从企业中转移财富以实现其政策目标，如维持社会稳定等，从而使国有企业其他股东的利益受到了损害。因此，资本市场会对国有企业的环境资本支出做出负面的市场估值。而非国有企业虽然也受到政府的环保压力，但它们仍然是以追求企业利益最大化为行动准则，管理层会对环境投入进行成本效益分析，以保证环境资本支出至少不会损害公司的利益，即非国有企业的环境资本支出是战略性的(Strategic)。考虑到我们无法准确判断非国有企业的环境资本支出带来的经济利益能否覆盖其成本，也无法预期市场对其的估值方向。因此，我们提出假设11：

假设11a：国有企业中，环境资本支出与市场业绩呈现显著负相关关系；

假设11b：非国有企业中，环境资本支出与市场业绩无显著相关关系。

5.2 研究设计

5.2.1 样本选择与数据

本章选取了2001—2010年我国A股市场中8个重污染行业的上市公司为研究样本，包括采掘业、纺织服装皮毛业、金属非金属业、生物医药业、石化塑胶业、造纸印刷业、水电煤气业、食品饮料业。我们从上述8个行业上市公司的年报中手工收集了企业环境资本支出的数据①。在删除了变量缺失的数据后，我们的样本包括

① 我们主要是从公司年报中的“在建工程”附注来收集相关数据，我们把与环境保护有关的“在建工程”借方增加额作为公司的环境资本支出，包括环境治理、污水处理、环保设计与节能、三废回收等。

了 5 418 个观测值。我们的数据来自 CSMAR 和 CCER 数据库，其中所有权数据源于 CCER 数据库，其他公司财务数据来自 CSMAR 数据库。为了控制极端值的影响，本章对所有连续变量进行了上下 1% 分位的 Wionsorize 处理。

5.2.2 研究模型

为了检验本章的假设 8 和 9，考察政治干预与企业环境资本支出之间的关系，本文构建了以下模型进行检验：

$$\begin{aligned}ENV\_\ DUM/ENV\_\ INV = &\beta_0+\beta_1 TOP1+\beta_2 STATE+\beta_3 Year2006+\\ &\beta_4 DR+\beta_5 ROA+\beta_6 SGROW+\beta_7 SIZE+\\ &\beta_8 MKTB+\beta_9 Year+\beta_{10} Industry\end{aligned} \tag{1}$$

模型（1）中 ENV_ DUM 为虚拟变量，当企业当年进行环境资本支出时取 1，否则为 0；ENV_ INV 为连续变量，等于企业当年环境资本支出除以当年总资产；TOP1 为公司第一大股东持股比例；STATE 为虚拟变量，当公司的最终控制人为国有身份取 1，否则为 0；YEAR2006 为虚拟变量，当样本观测年度为 2006 年以及以后年度取 1，否则为 0。

为了避免企业面临的资源约束和未来风险对结果的影响，我们在模型中控制了资产负债率 DR，它等于公司的总负债除以总资产；为了控制企业盈利能力的效应，本章在模型中加入了总资产报酬率 ROA，它等于公司的净利润除以当年总资产；为了控制公司未来的增长机会的影响，我们在模型中控制了销售收入增长率 SGROW，它等于公司年度的销售收入增长率，并且控制了市价净值比率 MKTB，它等于公司年末的市净率；最后，为了避免规模差异导致的结果变动，本章还控制了公司规模 SIZE，它等于公司年度总资产的自然对数。此外，我们还控制了行业与年度的固定效应。

对于因变量为 ENV_ DUM 时，本章采用 Logit 模型进行回归分析。考虑到大量企业并没有进行环境资本支出，样本中很多观测 ENV_

INV 变量的取值为 0，这种情况下，为了避免普通最小二乘法回归带来的估计偏差，我们采用 Tobit 模型进行回归。根据前文的假设分析，企业环境资本支出的经济结果在国有企业与非国有企业子样本中表现不同，我们总体上预期在国有企业子样本中环境资本支出的系数显著为负，而非国有企业子样本中环境资本支出的系数不显著。

为了检验本章的假设 11，考察企业环境资本支出的经济后果，我们构建模型（2）进行回归分析：

$$TOBINSQ_i = \beta_0 + \beta_1 ENV\_DUM/ENV\_INV + \beta_2 DR + \beta_3 ROA + \beta_4 SGROW + \beta_5 SIZE + \beta_6 MKTB + \beta_7 Year + \beta_8 Industry \quad (2)$$

其中，TOBINSQ 为公司年末的托宾 Q 值，其他变量的定义与模型（1）的一致。在这里，我们预期在非国有企业子样本中显著为正。

5.3 实证检验及分析

5.3.1 描述性统计

表 5-1 为模型主要变量的描述性统计，以及分样本的均值 T 检验的结果。在总体样本中，67.3% 的观测值是国有企业，表明在这些重污染行业中，国有企业比重较高。均值 T 检验的结果表明，无论从进行环境资本支出的可能性还是环境资本支出的规模来看，国有企业均要优于非国有企业，假设 8 得到初步的支持。总体而言，与非国有企业相比，国有企业有更高的股权集中度、较差的盈利能力、更大的规模和较少的未来增长机会。

表 5-2 报告了主要变量的相关性分析结果。可以看出，STATE、YEAR2006 与 ENV_ DUM 和 ENV_ INV 显著正相关，假设 8 和假设 10 得到初步支持。而 ENV_ DUM、EIN_ INV 与 TOBINSQ 显著负相关，在一定程度上支持本文的理论分析，假设 11 可能得到支持。

5.3.2 政治干预与企业环境资本支出

为了考察政治干预和压力是否会影响企业环境资本支出，本章对模型（1）进行了回归分析，结果见表5-3。前三列是Logit回归的结果，后三列是Tobit回归的结果。表5-3中第1、4列的结果表明，STATE与ENV_ DUM、ENV_ INV在1%的水平上显著正相关，假设8得到支持，表明国有企业比非国有企业更倾向于进行环境资本支出。TOP1与ENV_ DUM、ENV_ INV显著正相关，但分样本回归结果发现，这种正相关关系仅在国有企业中存在，非国有企业中TOP1与ENV_ DUM、ENV_ INV无显著相关关系。因此，假设9a成立，假设9b没得到支持。总体样本回归结果中YEAR2006的系数不显著，但在非国有企业样本回归结果中显著为正，而在国有企业样本中不显著，假设9a和9b均得到支持。综合上述结果，来自政府的政治干预和压力确实是影响企业环境资本支出的重要因素，非国有企业中第二类代理问题并没有对企业的环境支出产生显著影响，这与Li and Zhang（2010）的结果不一致。

表5-1 **主要变量的描述性统计**

Variables	均值	中位数	标准差	国有企业	非国有企业	差异
ENV_ DUM	0.238	0	0.426	0.276	0.161	0.115***
ENV_ INV	0.002	0	0.007	0.002	0.001	0.001***
TOBINQ	1.687	1.282	1.257	1.521	2.03	-0.509***
TOP1	0.403	0.391	0.167	0.436	0.333	0.103***
STATE	0.673	1	0.469			
YEAR2006	0.572	1	0.495	0.513	0.695	-0.182***
DR	0.510	0.501	0.243	0.507	0.517	-0.01
ROA	0.032	0.032	0.081	0.03	0.036	-0.006**
SGROW	0.205	0.151	0.452	0.202	0.209	-0.007
SIZE	21.449	21.282	1.195	21.642	21.052	0.59***
MKTB	4.188	2.814	8.458	3.841	4.902	-1.061***

注：***、**、* 分别代表在1%、5%和10%的水平上显著。

表 5-2　　主要变量的相关性分析结果

	ENV_DUM	ENV_INV	Tobin's Q	TOP1	STATE	YEAR2006	DR	ROA	SGROW	SIZE
ENV_DUM	1									
ENV_INV	0.461 ***	1								
TOBINSQ	-0.064 ***	-0.037 ***	1							
TOP1	0.094 ***	0.045 ***	-0.201 ***	1						
STATE	0.127 ***	0.064 ***	-0.190 ***	0.291 ***	1					
YEAR2006	0.066 ***	0.043 ***	0.309 ***	-0.237 ***	-0.173 ***	1				
DR	0.038 ***	0.022	0.046 ***	-0.130 ***	-0.018	0.101 ***	1			
ROA	0.041 ***	0.044 ***	0.149 ***	0.125 ***	-0.034 **	0.092 ***	-0.413 ***	1		
SGROW	0.039 ***	0.032 **	-0.010	0.098 ***	-0.007	-0.013	-0.010	0.280 ***	1	
SIZE	0.183 ***	0.099 ***	-0.280 ***	0.259 ***	0.232 ***	0.157 ***	0.018	0.210 ***	0.117	1
MKTB	-0.006	-0.007	0.274 ***	-0.051 ***	-0.059 ***	0.118 ***	-0.001	0.040 **	0.020	-0.130 ***

注：***、**、* 分别代表在 1%、5% 和 10% 的水平上显著。

表 5-3　　**政治干预与企业环境资本支出**

Variables	ENV_ DUM (Logit Model)			ENV_ INV (Tobit Model)		
	Full Sample	SOEs	Non-SOEs	Full Sample	SOEs	Non-SOEs
TOP1	0. 674 *	1. 048 **	-0. 432	0. 005 **	0. 008 ***	-0. 006
	(1. 78)	(2. 36)	(-0. 64)	(2. 18)	(3. 27)	(-1. 17)
STATE	0. 592 ***			0. 005 ***		
	(4. 65)			(6. 40)		
YEAR2006	0. 176	0. 107	1. 260 **	0. 003	0. 001	0. 014 **
	(1. 04)	(0. 53)	(1. 96)	(1. 60)	(0. 83)	(2. 41)
DR	0. 339	0. 421	0. 412	0. 003	0. 003	0. 004
	(1. 60)	(1. 34)	(1. 34)	(1. 58)	(1. 52)	(1. 39)
ROA	0. 877	1. 549 *	-0. 473	0. 013 **	0. 022 ***	-0. 003
	(1. 50)	(1. 91)	(-0. 52)	(2. 50)	(3. 26)	(-0. 36)
SGROW	0. 094	0. 134	-0. 005	0. 001	0. 001	-0. 000
	(1. 19)	(1. 16)	(-0. 04)	(1. 34)	(1. 42)	(-0. 01)
SIZE	0. 218 ***	0. 136 **	0. 429 ***	0. 002 ***	0. 001 **	0. 004 ***
	(3. 90)	(2. 07)	(4. 37)	(5. 14)	(2. 08)	(5. 33)
MKTB	0. 002	-0. 006	0. 008	0. 000	-0. 000	0. 000
	(0. 43)	(-0. 80)	(1. 59)	(0. 14)	(-1. 46)	(1. 43)
Year	Controlled	Controlled	Controlled	Controlled	Controlled	Controlled
Industry	Controlled	Controlled	Controlled	Controlled	Controlled	Controlled
Constant	-7. 323 ***	-5. 091 ***	-12. 82 ***	-0. 063 ***	-0. 039 ***	-0. 116 ***
	(-6. 16)	(-3. 67)	(-5. 63)	(-8. 69)	(-4. 82)	(-6. 36)
Obs.	5 418	3 646	1 772	5 418	3 646	1 772
Pseudo R^2/Chi-square	0. 0708	0. 0694	0. 0676	405. 2	295. 9	107. 9

注：*** 、** 、* 分别代表在 1% 、5% 和 10% 的水平上显著。

在其他变量的结果中，SIZE 的系数在所有回归结果中均显著为正，说明企业规模是影响企业环境资本支出的重要因素。ROA 的系数仅在国有企业中显著，表明企业的盈利能力会影响企业在环境资本支出方面的决策。增长机会和风险对企业环境投入没有显著影响，表明企业的环境投资决策很大程度上不是一项经济性的决策。

前文指出，中央政府有环境保护的诉求，并对地方政府形成环境保护的压力，而地方政府官员在发展辖区经济和环境保护两者之间平衡。事实上，中央政府同样也需要在经济增长和环境保护之间平衡，经济增长仍然是中央政府的一个最重要目标，如2008年金融海啸时候的“保八”行动和2009年的4万亿元投资，因此，我们很难判断中央政府是否一定比地方政府有着更强的环境保护诉求。从企业自身角度而言，对于国企中的中央企业和地方国有企业而言，环境保护是需要付出资源的，会损害企业利益，因此国企高管进行环境保护投资时，会在受到的政治压力、自身的晋升追求和个人经济利益之间进行权衡，对权衡结果有重要影响的一个因素是高管乃至整个企业的谈判能力。中央企业凭借自身较高的行政级别与庞大的政治、经济资源，相较于地方国企有更强的谈判能力，在环境保护方面反而能抵抗来自政府的压力，从而表现为较低的环境资本支出水平。如《经济参考报》2009年10月15日报道的《中国五矿邯邢局两铁矿：非法排尾祸企殃民》指出，央企下属国有铁矿非法排尾矿，造成重大环境污染，村民上访后国家环境保护部信访办将材料批转下来仍无法解决问题，同时当地政府也缺乏监管手段。① 鉴于此，本章进一步考察不同级别政府控制的国有企业之间在环境资本支出决策方面是否存在系统性的差异，以更好地理解企业环境资本支出背后的政治干预理论。我们增设虚拟变量LOCAL，当企业实际控制人为地方政府时取1，否则为0。根据模型（1）对国有企

① 报道指出，“一中央企业下属的两家国有铁矿，在尾矿库尚未验收、更未取得安全生产许可证之际，便非法排放尾矿浆，造成下游一民营矿山企业透水关停；随后，两家国有铁矿改道排尾，其中一家居然将尾矿排入附近的河道，河滩农田被占，环境严重污染，附近村民上访不断”。“附近高村村民侯有良作为村民代表曾带着全村39户村民签名的上访信赴北京反映情况，并受到国家环保部有关领导的重视。2009年4月1日，环保部信访办公室将他们的上访材料批转下来，可问题未得到解决”。“当地武安市政府有关部门的领导在接受记者采访时坦言，对于五矿邯邢局下属铁矿非法排尾一事，当地政府部门不是不知道，但却管不了。‘他们是中央企业，自恃财大气粗，根本不把地方执法人员放在眼里’”。相关新闻报道请参见李新民．央企铁矿在河北非法排放尾矿 当地称管不了［N/OL］．［2009-10-15］．http：//news. qq. com/a/20091015/000652_ 1. htm。

业子样本进行回归分析，结果见表5-4。结果表明，LOCAL的系数在两个模型中均在1%的水平上显著为正，表明相对于中央控股的国有企业，地方控股的国有企业反而更倾向于进行环境资本投资。其余变量的结果与表5-3类似。表5-4的结果支持了上文的理论预期，说明我国企业，尤其是国有企业的环境资本支出是高管在政府压力、企业利益、高管个人追求之间博弈均衡的结果，这仍然支持本章提出的政治干预理论。

表5-4 **国有企业的环境资本支出分析**

变量	ENV_ DUM（Logit Model）	ENV_ INV（Tobit Model）
	SOEs	SOEs
TOP1	0.900**	0.007***
	(2.04)	(2.64)
LOCAL	0.479***	0.004***
	(2.67)	(4.64)
YEAR2006	0.122	0.002
	(0.60)	(0.89)
DR	0.417	0.004
	(1.33)	(1.55)
ROA	1.388*	0.021***
	(1.71)	(3.10)
SGROW	0.133	0.001
	(1.14)	(1.41)
SIZE	0.178***	0.001***
	(2.84)	(2.90)
MKTB	-0.004	-0.0005
	(-0.59)	(-1.24)
Year	Controlled	Controlled
Industry	Controlled	Controlled
Constant	-6.273***	-0.049***
	(-4.61)	(-5.78)
Obs.	3 646	3 646
Pseudo R^2/Chi-square	0.075	318.1

注：***、**、*分别代表在1%、5%，和10%的水平上显著。

5.3.3 企业环境资本支出与市场业绩

为了进一步分析企业环境资本支出与市场业绩之间的关系，我们对模型（2）进行了回归分析，结果见表5-5。表5-5的结果表明，国有企业样本中以ENV_ DUM和ENV_ INV衡量的企业环境资本支出，均与企业的托宾Q值显著负相关，而在非国有企业样本中ENV_ DUM和ENV_ INV的系数不显著，假设11a和11b得到支持。表5-5的结果进一步支持本章提出的政治干预理论，即国有企业中环境资本支出更多地基于政府的干预和压力，会损害股东的利益，因此股东对此给予负面的评价。

表5-5 **环境资本支出与市场业绩**

Variables	Full Sample	SOEs	Non-SOEs	Full Sample	SOEs	Non-SOEs
ENV_ DUM	-0.076**	-0.097***	-0.031			
	(-2.28)	(-3.31)	(-0.36)			
ENV_ INV				-4.028**	-4.596***	-3.068
				(-2.58)	(-3.69)	(-0.73)
DR	0.707**	0.0849	1.082***	0.706**	0.083	1.082***
	(2.41)	(0.45)	(2.66)	(2.41)	(0.44)	(2.66)
ROA	3.388***	2.832***	3.473***	3.395***	2.840***	3.474***
	(5.90)	(5.00)	(3.67)	(5.90)	(4.99)	(3.66)
SGROW	-0.098*	-0.074*	-0.080	-0.099*	-0.075*	-0.080
	(-1.83)	(-1.82)	(-0.85)	(-1.84)	(-1.87)	(-0.85)
SIZE	-0.400***	-0.297***	-0.633***	-0.403***	-0.300***	-0.634***
	(-11.79)	(-9.76)	(-10.01)	(-11.83)	(-9.75)	(-9.98)
Year	Controlled	Controlled	Controlled	Controlled	Controlled	Controlled
Industry	Controlled	Controlled	Controlled	Controlled	Controlled	Controlled
Constant	9.923***	7.942***	14.48***	9.978***	7.994***	14.50***
	(15.06)	(12.46)	(12.03)	(15.09)	(12.43)	(12.00)
Obs.	5 418	3 646	1 772	5 418	3 646	1 772
Adj. R^2	0.412	0.417	0.424	0.412	0.416	0.424

注：***，**，*分别代表在1%、5%和10%的水平上显著。

5.3.4 内生性分析

在分析企业环境资本支出时，本章采用了外生的事件进行自然实验研究，有效地控制了内生性问题，但在分析企业环境资本支出与市场业绩的关系的，也可能会受到内生性问题的影响。为了控制内生性问题，我们采用了 Heckman 的两阶段回归方法，其中第一阶段的回归模型直接采用模型（1），将得到的逆米尔斯率（Inverse Mill's Ratio，IMR）加入模型（2），结果见表5-6。表5-6的结果表明，在加入了 IMR 后，国有企业中 ENV_ DUM 的系数仍显著为负，说明控制了内生性影响后结果仍然稳定。但一个有趣的结果是，非国有企业中 ENV_ DUM 的结果显著为正，表明市场投资者会对非国有企业做出的环境资本支出给予正面的评价，说明我国非国有企业在环境投资上的决策与西方成熟市场的企业类似，更多地体现为一种策略性的决策，这会提升企业的价值。

为了进一步控制内生性的影响，本章还采用了变化模型（Change Model）对表5-6 的结果进行分析，见表5-7。该变化模型是以本章模型（2）为基础，其中因变量为企业托宾 Q 值的变化量，等于企业当年的托宾 Q 值减去企业上一年度的托宾 Q 值。从表5-7 的结果可以看出，ENV_ INV 的结果在国有企业分组中显著为负，这与表5-5 的结果一致，意味着从变化模型来看，得到的结论与模型（2）的回归结果类似，本章的结论得到支持。不过值得我们关注的是，在变化模型的分析下，环境投资对于公司企业价值的系数显著性确实有一定的下降，我们应当慎重地对待这一结果。

为了保证结果的可靠，本章进行了以下的稳健性检验：

第一，本章的结果仅仅支持了政治干预理论对于我国上市公司环境资本支出的解释，但并没有排除合法性理论、利益相关者理论与声誉理论。为了排除以上理论，本章考察了负债水平、高管持股与员工人数对于环境资本支出的影响，并分析环境资本支出对企业未来销售增长率的影响，结果并不支持利益相关者理论与声誉理论。

表 5-6　　内生性分析

Variables	Full Sample	SOEs	Non-SOEs
ENV_ DUM	0. 460	-0. 729 **	2. 333 **
	(1. 31)	(-1. 99)	(2. 48)
DR	0. 685 **	0. 118	0. 938 **
	(2. 36)	(0. 62)	(2. 22)
ROA	3. 348 ***	2. 990 ***	3. 626 ***
	(5. 89)	(5. 29)	(3. 85)
SGROW	-0. 107 *	-0. 056	-0. 080
	(-1. 94)	(-1. 33)	(-0. 86)
SIZE	-0. 430 ***	-0. 274 ***	-0. 766 ***
	(-10. 15)	(-8. 12)	(-9. 84)
IMR	-0. 317	0. 376 *	-1. 320 **
	(-1. 53)	(1. 75)	(-2. 58)
Year	Controlled	Controlled	Controlled
Industry	Controlled	Controlled	Controlled
Constant	10. 46 ***	7. 555 ***	17. 35 ***
	(13. 05)	(11. 14)	(10. 90)
Obs.	5 418	3 646	1 772
Adj. R^2	0. 413	0. 417	0. 426

注：***、**、* 分别代表在 1%、5% 和 10% 的水平上显著。

表 5-7 **变化模型的分析结果**

Variables	Full Sample	SOEs	Non-SOEs	Full Sample	SOEs	Non-SOEs
ENV_ DUM	0.004	-0.003	0.021			
	(0.21)	(-0.18)	(0.47)			
ENV_ INV				-1.085	-1.498*	-0.506
				(-1.31)	(-1.82)	(-0.24)
DR	0.112	-0.032	0.165	0.113	-0.031	0.166
	(1.27)	(-0.58)	(1.27)	(1.28)	(-0.56)	(1.28)
ROA	0.555**	0.354	0.603	0.559**	0.363	0.602
	(2.07)	(1.56)	(1.43)	(2.09)	(1.60)	(1.43)
SGROW	-0.004	-0.008	0.021	-0.004	-0.008	0.021
	(-0.10)	(-0.34)	(0.26)	(-0.09)	(-0.33)	(0.26)
SIZE	-0.104***	-0.0639***	-0.195***	-0.104***	-0.0638***	-0.194***
	(-9.85)	(-6.89)	(-9.64)	(-9.84)	(-6.87)	(-9.58)
Year	Controlled	Controlled	Controlled	Controlled	Controlled	Controlled
Industry	Controlled	Controlled	Controlled	Controlled	Controlled	Controlled
Constant	2.015***	1.225***	3.784***	2.005***	1.224***	3.756***
	(9.90)	(6.32)	(9.08)	(9.89)	(6.32)	(8.98)
Obs.	5 359	3 625	1 734	5 359	3 625	1 734
Adj. R^2	0.470	0.469	0.483	0.470	0.469	0.483

注：***、**、* 分别代表在 1%、5% 和 10% 的水平上显著。

第二，为了避免股权结构对于市场业绩的影响会导致本章关于环境资本支出经济后果分析存在偏差，我们在模型（2）中控制了股权结构 TOP1 的影响，结果保持稳定。

第三，我们对模型（2）的所有回归结果考察了方差膨胀因子

(Variance Inflation Factor，VIF)，所有结果的 VIF 均小于 3，表明模型的多重共线性并不严重。

第四，为了避免单一变量的选择导致的结果偏差，我们除了使用第一大股东持股比例外，还采用前 5 大、前 10 大股东的持股比例平方和来衡量股权集中度，重复模型（1）的分析，发现结果保持稳定。

5.4 小　结

本章利用手工收集的企业环境支出数据，结合我国的转轨经济制度特征，从政府的政治干预和压力角度考察了环境资本支出的影响因素和经济后果。本章的实证结果发现，与非国有企业相比，国有企业更倾向于进行环境资本支出投资；在国有企业中，第一大股东持股比例越大，企业越倾向于增加环境资本支出，而非国有企业中第一大股东持股比例与企业环境资本支出没有显著的关系；与以前年度相比，2006 年以后非国有企业倾向于加大环境资本投资，而国有企业没有显著的变化。进一步的分析指出，国有企业的环境资本支出与托宾 Q 值呈显著的负相关关系，而非国有企业的环境资本支出与托宾 Q 值无显著关系。总体而言，我们所提供的经验证据表明，影响我国企业环境资本投资的最为重要因素是政府的态度以及由此产生的政治压力，值得注意的是，我们应当区别政府的政治压力与法律压力的差异。

在我国日趋严峻的环境保护形势下，从企业微观角度考察环境投入和环境绩效不仅具有学术意义，还有着强烈的实践意义。而我国中央政府构建和谐社会目标的确立、对环境保护政的重视，又使得我们的研究有着较强的政策意义，包括：第一，消费者环境意识的提高和全球绿色消费运动的兴起促进了国际贸易中绿色壁垒的建立，环境保护方面不过关的企业会逐步失去市场进入资格以及竞争优势，而本章从影响因素和经济后果两个方面对企业环境绩效进行了分析，有助于更好地理解企业的环境决策，增强企业竞争力和提升企业价值；第二，企业是污染环境的祸首，环境治理和生态保护的核心就在于对企业的监管，企业在环境方面的投入和决策直接影响到国家和地区环境保护的水平，本章的研究有助于理解我国不同类型企业环境投入决策的差异，从而对环保部门和监管部门的政策制定与监管执行有着重要意义。

6 研究结论与展望

6.1 研究结论

中国共产党第十八次全国代表大会报告在肯定过去5年所取得成绩的基础上，指出工作中存在的不足、前进道路上的困难和问题包括，“……发展中不平衡、不协调、不可持续问题依然突出，科技创新能力不强，产业结构不合理，农业基础依然薄弱，资源环境约束加剧，制约科学发展的体制机制障碍较多，深化改革开放和转变经济发展方式任务艰巨；城乡区域发展差距和居民收入分配差距依然较大；社会矛盾明显增多，教育、就业、社会保障、医疗、住房、生态环境、食品药品安全、社会治安、执法司法等关系群众切身利益的问题较多，部分群众生活比较困难……”。可见，在我国过去30多年经济建设取得巨大成就的同时，也带来了一系列日益尖锐的社会矛盾，例如环境和资源的透支、贫富的两极分化、民众的生存压力剧增与缺乏尊严等等。基于这些社会矛盾和问题，十八大报告指出，“……必须坚持维护社会公平正义；必须坚持走共同富裕道路；必须坚持促进社会和谐……”，表明党和中央政府在坚持经济建设的同时，将保护环境、维护社会公平和构建和谐社会也作为同样重要的工作重心，是未来一段时期我国经济、社会生活中的主旋律。在这样的政治背景和社会背景下，研究企业社会责任不仅仅具有理论上的学术意义，对我国经济可持续增长和社会进步具有重要的实践意义，也对我国政府政策制定与“和谐社会”目标的达成具有政策含义。本书基于我国的转轨经济制度特征，在构建我国转轨经济的企业社会责任理论基础上，考察影响我国企业社会责任的因素，并分析其影响企业价值的机理、途径，最后讨论企业社会责任对于企业价值的影响。本书试图增进读者对于我国社会责任内在机制的理解，有助于更好地发挥企业社会责任的实践意义和政策意义。

本书首先分析我国转轨经济下的制度背景，发现来自政府的政治干预是我国转轨经济下企业行为决策的重要制度特征，在研究我国企业行为决策时，应当将这一制度特征考虑在内。政治干预的制度特征会导致企业为了应付政府的压力，谋求更大的利益，从而进行政治寻租。此外，我国政治体制是一种政治锦标赛，这会带给地方政府官员很大的压力，要为了满足上级政府的要求而努力，当上级政府强调和谐社会和企业社会责任时，下级政府会要求辖区企业追求社会责任。最后，法律执行较弱是我国转轨经济的制度特征，表现在我国环境保护有完整的法律体系，但是法律执行较弱，这导致了我国现在较为严峻的环境污染和资源透支的局面。

在政治干预为主要特征的制度环境下，我国的企业社会责任行为不同于西方企业的实践，并非是企业一种自发的决策，更多表现为由上至下政府推动的结果，比较符合政治经济会计学的理论框架，可以看做是新兴市场中政府的政治干预下企业进行政治寻租的行为。考虑到不同所有权性质的企业受到的政治压力和干预程度不一样，因此，国有企业和非国有企业在企业社会责任的投资和决策上存在较大的差异。

为了检验本书提出的政治干预理论，本书从社会责任整体水平、公司慈善捐赠和企业环境投资（资本支出）三个方面进行了实证检验，基本的逻辑思路是：我国上市公司的社会责任决策，例如整体水平、慈善捐赠和环境投资，究竟是由政府的政治压力驱动的，还是由经济利益等因素所驱动，并且考察社会责任水平与企业价值的关系，解释其中的影响机制与途径。

基于企业社会责任整体水平的实证结果如下：采用来自于我国制造业上市公司2007年的数据、所有行业上市公司2008、2009年的数据，本书发现：第一，控制了文献中所归纳的影响企业社会责任的公司特征后，在国有企业样本中第一大股东的控制权与公司社会责任水平正相关，意味着在转轨经济的新兴市场中政治干预理论更能够解释企业社会责任实践；而相反的，非国有企业中第一大股东控制权与公司社会责任水平负相关。第二，公司规模、盈利能力、员工规模、债务水平和托宾Q值影响了企业社会责任的决策和水平。第三，在控制了影响企业业绩的变量后，本书发现公司社会责任水平与企业会计业绩正相关（尤其是在非国有企业中），而与企业市场业绩负相关（尤其是在国有企业中）。上述结果表明，在新兴市场环境中，所有权类型或者政治干预可能是影响企业社会责任和企业业绩之间关系的一个重要的制度变量，应当纳入分析的框架中。

基于公司慈善捐赠的实证结果表明，国有企业、有政治关联的企业更倾向于进行慈善捐赠，并且捐赠金额更大。我们同样发现，与中央政府控制的国有企业相比，地方政府控制的国有企业更倾向于进行慈善捐赠，并且捐赠金额更大。上述结果与研究我国重大灾难——2008年的汶川地震时公司捐赠所发现的结果并不一致（Zhang et al.，2009）。此外，实证结果表明，资源约束理论和行业竞争理论均无法解释我国上市公司的慈善捐赠行为。从经济后果的分析来看，我们发现公司慈善捐赠和未来业绩之间存在正相关关系，但慈善捐赠对于公司未来的销售收入增长没有影响。进一步的分析表明，公司通过慈善捐赠，能够获得更多的政府控制的关键资源，例如银行贷款和政府补贴等，这支持了政治商誉理论。

基于企业环境投资的实证结果发现，与非国有企业相比，国有企业更倾向于进行环境资本支出投资；在国有企业中，第一大股东持股比例越大，企业越倾向于增加环境资本支出，而非国有企业中第一大股东持股比例与企业环境资本支出没有显著的关系；与以前年度相比，2006 年以后非国有企业倾向于加大环境资本投资，而国有企业没有显著的变化。进一步的分析指出，国有企业的环境资本支出与托宾 Q 值呈显著的负相关关系，而非国有企业的环境资本支出与托宾 Q 值无显著关系。总体而言，我们所提供的经验证据表明，影响我国企业环境资本投资的最为重要因素是政府的态度以及由此产生的政治压力，值得注意的是，我们应当区别政府的政治压力与法律压力的差异。

从社会责任整体水平、慈善捐赠和企业环境投资三个角度的实证结果都表明，政府的政治干预程度和政治压力是影响我国企业社会责任水平和决策的最为重要的因素，政治经济会计学下的政治干预理论是解释我国企业社会责任比较恰当的理论。

上述结论对于我国企业社会责任的相关政策制定、经济可持续发展和社会进步有着重要意义。只有理解我国企业社会责任的驱动因素，才能更好地从政策、资源乃至社会各个层面予以引导，从而更好地发展我国企业社会责任。

6.2 局限性与未来研究方向

本书在构建了我国转轨经济的企业社会责任理论的基础上，实证考察了我国上市公司社会责任的影响因素和经济后果，特别是企业社会责任如何影响企业价值的机制与途径。但本研究仍然存在以下一些局限性，也是未来我国企业社会责任研究值得努力的方向。

第一，本书没有研究企业社会责任各个维度之间的关系。企业社会责任有很多维度，例如环境保护、慈善捐赠、社会责任信息披露、员工福利等等。现有关于我国企业社会责任的研究文献，包括本研究，仅仅是关注了我国企业社会责任整体水平或者某一维度的影响因素和经济后果，缺乏对我国企业社会责任各维度之间关系的研究。在本书提出的政治干预理论框架下，我国企业的社会责任受到政府干预和压力的影响，那么如果企业将社会责任作为应付政府压力的手段时，以下问题会非常有趣并值得我们进一步研究：我国企业的环境保护投入与慈善捐赠之间究竟是替代效应还是互补效应，这两者究竟是政府压力的结果，还是作为应付政府压力的手段可以相互替代？作为可以应付政府压力的其他手段，例如盈余管理等，与企业环境保护投入、慈善捐赠之间是什么关系？这些问题在我国转轨经济制度背景下尚未得到回答，对此进行深入研究，从理论上对现有文献是一个有意义的补充和贡献，从实践上也更有利于相关部门引导我国企业社会责任的发展。

第二，本书没有研究我国企业社会责任信息披露问题。固然本书从社会责任整体水平、慈善捐赠和环境投资三个维度考察了政治干预理论的适用性，但没有对社会责任信息披露进行研究。事实上，社会责任信息披露可以看做是企业社会责任的一个维度，但它又与其他维度有所区别。从概念上来说，社会责任信息披露是披露企业在社会责任方面的表现，企业的社会责任水平越高，披露的质量也应该越好。但从另一个角度来看，社会责任信息披露同样也可以作为管理和应付政府压力的一种手段，特别是当企业社会责任方面表现不好时，企业更可能运用信息披露来缓解政府的压力，因为运用信息披露这一手段的成本最低。因此，以下几个方面值得未来相关研究做进一步探讨：政府干预与我国企业社会责任信息披露、企业社会责任信息披露与社会责任其他维度之间的关系、企业社会责任信息披露与企业社会责任绩效的关系。

第三，本书没有直接研究我国企业社会责任与企业财务政策之间的关系。正如前文指出，本书研究的贡献之一是不仅仅考察企业社会责任与企业业绩之间的关系，还考察了其中的影响机制与途径。根据公司财务学理论，公司财务政策，例如投资、融资、股利政策等是影响企业价值的重要机制，本书并没有就这些财务政策进行深入的研究与分析。事实上，目前我国企业社会责任研究文献尚不能回答以下问题：企业社会责任与企业资本投资之间是什么关系，社会责任会提升还是降低投资效率？企业社会责任有助于企业进行融资吗，其背后的机理是什么，银行是否会评价企业的社会责任水平？企业社会责任是否影响企业的股利政策，进而影响到企业的价值？对这些问题进行研究，对于企业社会责任文献和公司财务文献都有贡献。

第四，本书对于社会责任不同研究维度的数据处理运用了不一致的样本。由于受到数据收集和研究问题不一致的限制，本书在对社会责任三个维度进行研究时，运用了并非完全一致的研究样本。虽然从理论上来说，不一样的样本得出的结论也具有可接受性，但很显然，对于社会责任不同维度采取一致样本所得出的结论更具有可靠性和说服力。而一致的研究样本有赖于企业社会责任各维度完整的数据库的建立，这是作者和其他社会责任研究学者未来应该努力的方向。

参考文献

一、中文参考文献

[1]陈宏辉,贾生华. 企业社会责任观的演进与发展:基于综合性社会契约的理解[J]. 中国工业经济,2003(12):85-92.

[2]李心合. 公司价值取向及其演进趋势[J]. 财经研究,2004(10):132-144.

[3] 李增泉,孙铮,王志伟."掏空"与所有权安排——来自我国上市公司大股东资金占用的经验证据[J]. 会计研究,2004(12):3-13.

[4] 周黎安,李宏彬,陈烨. 相对绩效考核:中国地方官员晋升机制的一项经验研究[J]. 经济学报,2005(1):83-96.

[5] 韵江,高良谋. 公司治理、组织能力和社会责任——基于整合与协同演化的视角[J]. 中国工业经济,2005(11):103-110.

[6] 陈玉清,马丽丽. 我国上市公司社会责任会计信息市场反应实证分析[J]. 会计研究,2005(11):76-81.

[7] 汤亚莉,陈自力,刘星,等. 我国上市公司环境信息披露状况及影响因素的实证研究[J]. 管理世界,2006(1):158-159.

[8] 李正. 企业社会责任与企业价值的相关性研究[J]. 中国工业经济,2006(2):77-83.

[9] 黄德春,刘志彪. 环境规制与企业自主创新——基于波特假设的企业竞争优势构建[J]. 中国工业经济,2006(3):100-106.

[10] 于峰,齐建国,田晓林. 经济发展对环境质量影响的实证分析[J]. 中国工业经济,2006(8):36-44.

[11] 李斌,汤铸,陈开军. 贸易自由化对环境污染影响的实证

分析[J]. 商业研究,2006(10):112-115.

[12] 刘长翠,孔晓婷. 社会责任会计信息披露的实证研究[J]. 会计研究,2006(10): 36-43.

[13] 宋献中,龚明晓. 公司会计年报中社会责任信息的价值研究——基于内容的专家问卷分析[J]. 管理世界,2006(12):104-110,167-172.

[14] 沈洪涛,沈艺峰. 公司社会责任思想起源与演变[M]. 上海:上海人民出版社,2007.

[15] 汪彤. 中国体制转轨中的政府权力悖论——认识中国转轨进程的一个独特视角[J]. 江苏社会科学,2007(1): 70-75.

[16] 沈洪涛. 公司特征与公司社会责任信息披露——来自我国上市公司的经验证据[J]. 会计研究,2007(3):9-16.

[17] 周延风,罗文恩,肖文建. 企业社会责任行为与消费者响应——消费者个人特征和价格信号的调节[J]. 中国工业经济,2007(3):62-69.

[18]李正,向锐. 中国企业社会责任信息披露的内容界定、计量方法和现状研究[J]. 会计研究,2007(7):3-11.

[19] 周祖城,张漪杰. 企业社会责任相对水平与消费者购买意向关系的实证研究[J]. 中国工业经济,2007(9):111-118.

[20] 周黎安. 转型中的地方政府官员激励与治理[M]. 上海:上海人民出版社,2008.

[21] 涂正革. 环境、资源与工业增长的协调性[J]. 经济研究,2008(2):93-105.

[22] 李永友,沈坤荣. 我国污染控制政策的减排效果——基于省际工业污染数据的实证分析[J]. 管理世界,2008(7):7-17.

[23] 温素彬,方苑. 企业社会责任与财务绩效关系的实证研究[J]. 中国工业经济,2008(10):150-160.

[24] 山立威,甘犁,郑涛. 公司捐款与经济动机——汶川地震

后中国上市公司捐款的实证研究[J]. 经济研究,2008(11):51-60.

[25] 吴文锋,吴冲锋,芮萌. 我国上市公司高管的政府背景与税收优惠[J]. 管理世界,2009(3):34-42.

[26] 张红风,周峰,杨慧,等. 环境保护与经济发展双赢的规制绩效实证分析[J]. 经济研究,2009(3):14-26.

[27] 张兆国,刘晓霞,张庆. 企业社会责任与财务管理变革——基于利益相关者理论的研究[J]. 会计研究,2009(3):54-59.

[28] 卢宁,李国平. 基于EKC框架的社会资本水平对环境质量的影响研究——来自中国1995—2007年面板数据[J]. 统计研究,2009(5):68-76.

[29] 罗党论,刘晓龙. 政治关系、进入壁垒与企业绩效[J]. 管理世界,2009(5):97-106.

[30]方军雄. 捐赠,赢得市场掌声吗?[J]. 经济管理,2009(7):172-176.

[31] 许正良,刘娜. 企业社会责任弹簧模型及其作用机理研究[J]. 中国工业经济,2009(11):120-130.

[32] 李四海. 制度环境、政治关系与企业捐赠[J]. 中国会计评论,2010(2):161-178.

[33] 沈洪涛. 公司社会责任和环境会计的目标与理论基础[J]. 会计研究,2010(3):86-92.

[34] 余明桂,回雅甫,潘红波. 政治联系、寻租与地方政府财政补贴有效性[J]. 经济研究,2010(3):65-77.

[35] 贾明,张喆. 高管的政治关联影响公司慈善行为吗?[J]. 管理世界,2010(4):99-113.

[36] 高汉祥,郑济孝. 公司治理与企业社会责任:同源、分流与融合[J]. 会计研究,2010(6):32-95.

[37] 沈洪涛,李余晓璐. 我国重污染行业上市公司环境信息披露现状分析[J]. 证券市场导报,2010(6):51-57.

[38] 沈洪涛,万拓,杨思琴. 我国企业社会责任报告鉴证的现状及评价[J]. 审计与经济研究,2010(6):68-74.

[39] 许家林,刘海英. 我国央企社会责任信息披露现状研究[J]. 中南财经政法大学学报,2010(6):77-84.

[40]薛爽,肖星. 捐赠:民营企业强化政治关联的手段?[J]. 财经研究,2010(11):102-112.

[41]沈洪涛,游家兴,刘江宏. 再融资环保核查、环境信息披露与权益资本成本[J]. 金融研究,2010(12):159-172.

[42]孙亮,刘春. 乳业危机中的信息传染效应:来自中国证券市场的经验证据[J]. 中国会计与财务研究,2010,12(2):53-68.

[43] 陈诗一,严法善,吴若沉. 资本深化、生产率提高与中国二氧化碳排放变化[J]. 财贸经济,2010(12):111-119.

[44]黎文靖. 政治寻租视角下的公司社会责任研究[J]. 财政研究,2011(2):42-46.

[45] 徐莉萍,辛宇,祝继高. 媒体关注与上市公司社会责任之旅行——基于汶川地震捐款的实证研究[J]. 管理世界,2011(3):135-143.

[46] 黎文靖. 所有权类型、政治寻租与公司社会责任报告:一个分析性框架[J]. 会计研究,2012(1):81-88.

[47] 卢现祥,许晶. 企业所有制结构与区域工业污染——基于我国2003—2009年的省级面板数据研究[J]. 中南财经政法大学学报,2012(1):78-83.

[48] 李四海. 管理者背景特征与企业捐赠[J]. 经济管理,2012(1):143-155.

[49]郭剑花. 中国企业的捐赠:自愿抑或摊派?——基于中国上市公司的经验数据[J]. 财经研究,2012(8):49-59.

二、英文参考文献

[50] ABBOTT W F, JOSEPH M R. On the measurement of corporate social responsibility[J]. Academy of Management ,Journal 22 (September 1979): 501-515.

[51] ACEMOGLU D, JOHNSON S. Unbundling institutions[J]. Journal of Political Economy,2005,113(5), 949-995.

[52] AERTS W, CORMIER D. Media legitimacy and corporate environmental communication [J]. Accounting, Organizations and Society, 2009:34, 1-27.

[53] AGRAWAL A, KNOEBER C K. Do some outside directors play a political role? [J]. Journal of Law and Economics, 2001: 44 (1), 179-198.

[54] AGUILERA R, RUPP D, WILLIAMS C, et al. Putting the S back in corporate social responsibility: A multilevel theory of social change in organizations[J]. Academy of Management Review, 2007: 32 (3), 836-863.

[55] ALLEN F, QIAN J, QIAN M. Law, finance, and economic growth in China[J]. Journal of Financial Economics, 2005: 77 (1): 57-116.

[56] AL-TUWAIJRI S A, CHRISTENSEN T E, HUGHES K E. The relations among environmental disclosure, environmental performance, and economic performance: a simultaneous equations approach [J]. Accounting, Organizations and Society, 2004: 29: 447-471.

[57] AMATO L, AMATO C. The effects of firm size and industry on corporate giving[J]. Journal of Business Ethics, 2007: 72 (3), 229-241.

[58]ARORA S,GANGOPADHYAY S. Toward a theoretical model of voluntary over-compliance[J]. Journal of Economic Behavior and Organization,1995:28(3): 289-309.

[59] ANTON W R, DELTAS G, KHANNA M. Incentives for environmental self-regulation and implications for environmental performance[J]. Journal of Environmental Economics and Management, 2004:48(1): 632-654.

[60]BAI C, LU J,TAO Z. The multitask theory of state enterprise reform: empirical evidence from China [J]. American Economic Review,2006:96(2), 353-357.

[61]BALOTTI R F,HANKS J. Giving at the office: a reappraisal of charitable contributions by corporations[J]. The Business Lawyer, 1999,55: 965-996.

[62]BARON D. Private Politics, Corporate social responsibility, and integrated strategy [J]. Journal of Economics & Management Strategy,2001,10:7-45.

[63] BARLA P. ISO 14001 certification and environmental performance in quebec's pulp and paper industry[J]. Journal of Environmental Economics and Management,2007,53: 291-306.

[64]BARTH M,MCNICHOLS M,WILSON P. Factors influencing firms disclosures about environmental liabilities [J]. Review of Accounting Studies,1997,2: 35-64.

[65]BEETS S D,SOUTHER C. Corporate environmental reports: the need for standards and an environmental assurance service[J]. Accounting Horizons,1999,13(2): 129-145.

[66] BELIVEAU B, COTTRILL M, O´NEILL H. Predicting corporate social responsiveness[J]. Journal of Business Ethics,1994,13(9):731-738.

[67] BLOWFIELD M, FRYNAS J G. Editorial setting new agendas: critical perspectives on corporate social responsibility in the developing world[J]. International Affairs,2005,81(3):499-513.

[68]BOTOSAN C A. Disclosure level and the cost of equity capital [J]. The Accounting Review,1997,72(1): 323～349.

[69]BOWMAN E H. Strategy, Annual reports and alchemy [J]. California Management Review,1978,18(2):49-58.

[70] BOYCKO M, SHLEIFER A, VISHNY R W. A theory of privatization [J]. Economic Journal,1996,106 (435), 309-319.

[71]BRAMMER S,MILLINGTON A. The development of corporate charitable contributions in the UK: a stakeholder analysis [J]. Journal of Management Studies,2004,41(8):1411-1434.

[72] BRAMMER S, MILLINGTON A. Corporate reputation and philanthropy: an empirical analysis [J]. Journal of Business Ethics, 2005,61(1):29-44.

[73] BRAMMER S, PAVELIN S. Voluntary environmental disclosures by large UK companies[J]. Journal of Business Finance and Accounting,2006,33(7 - 8): 1168-1188.

[74] BOATSMAN J, GUPTA S. Taxes and corporate charity: empirical evidence from micro-level panel data [J]. National Tax Journal, 1996,49(2):193-213.

[75] BOWEN H R. Businessman social responsibilities of the businessman[M]. New York: Harper and Borthers,1953.

[76] BROWN W O, HELLAND E, SMITH J K. Corporate philanthropic practices[J]. Journal of Corporate Finance,2006,12(5): 855-877.

[77]BROWN T J,DACIN P A. The company and the product: corporate associations and consumer product responses[J]. Journal of

Marketing, 1997,61 (1):68–84.

[78]BROUHLE K, GRIFFITHS C, WOLVERTON A. Evaluating the role of EPA policy levers: an examination of a voluntary program and regulatory threat in the metal finishing industry [J]. Journal of Environmental Economics and Management,2009,57(2): 166–181.

[79]BUI L T M, KAPON S. The impact of voluntary programs on polluting behavior: evidence from pollution prevention programs and toxic releases [J]. Journal of Environmental Economics and Management, 2012,64(1):31–44.

[80]CAN ON – DE – FRANCIA J, GARCE's – AYERBE C. ISO 14001 environmental certification: a sign valued by the market? [J]. Environmental and Resource Economics,2009,44(2): 245–262.

[81]CARROLL A B. The four faces of corporate citizenship[J]. Business and Society Review,1998,100(1):1–7. [82]CARROLL A B. Corporate social responsibility[J], Business & Society, 1999, 38 (3): 268–295.

[83] CHAPPLE W, MOON J. Corporate social responsibility (CSR) in Asia: a seven–country study of CSR web site reporting[J]. Business and Society,2005,44(4): 415–441.

[84]CHEUNG Y L, RAU R, STOURAITIS A. The helping hand, the lazy hand, or the grabbing hand? Central vs. local government shareholders in publicly listed firms in China[D]. Working paper. City University of Hong Kong and Purdue University,2008.

[85]CHEUNG Y L, TAN W, AHN H, et al. Does corporate social responsibility matter in asian emerging markets? [J]. Journal of Business Ethics,2010,92(3), 401–413.

[86] CHO C H, PATTEN D M, ROBERTS R W. Corporate political strategy: an examination of the relation between political

expenditures, environmental performance, and environmental disclosure [J]. Journal of Business Ethics,2006,67(2):139-154.

[87] CHO C H, PATTEN D M. The role of environmental disclosures as tools of legitimacy: a research note [J]. Accounting, Organizations and Society, 2007,32(7-8):639-647.

[88] CLARKSON M B E. Defining, evaluating, and managing corporate social performance: the stakeholder management model [J]. Research in Corporate Social Performance and Policy: A Research Annual,1991:331.

[89] CLARKSON P M, LI Y. The market valuation of environmental capital expenditures by pulp and paper companies [J]. Accounting Review,2004,79(2): 329-353.

[90] CLAESSENS S S. Djankov, J. P. H. Fan, and L. Lang. Disentangling the incentive and entrenchment effects of large shareholdings[J]. Journal of Finance,2002,57(6), 2741-2771.

[91] CLAESSENS S, DJANKOV S, LANG L H P. The separation of ownership and control in East Asian corporations [J]. Journal of Financial Economics,2000,58(1 - 2):81-112.

[92] CLAESSENS S, FEIJEN E, LAEVEN L. Political connections and preferential access to finance: the role of campaign contributions [J]. Journal of Financial Economics, 2008, 88 (3) 554-580.

[93] CLOTFELTER C T. Federal tax policy and charitable giving [M]. Chicago: The University of Chicago Press,1985.

[94] COCHRAN P L, WOOD R A. Corporate social responsibility and financial performance [J]. Academy of Management Journal,1984, 27(1): 42-56.

[95] COFFEY B S, WANG J. Corporate stakeholders and corporate

finance [J]. Financial Management,1998,16: 5-14.

[96] CORMIER D, MAGNAN M. Assessment of environmental liabilities [J]. Journal of Accounting and Public Policy, 1997, 16: 215-241.

[97] CORMIER D, MAGNAN M. Environmental reporting management: a European perspective [J]. Journal of Accounting and Public Policy,2003,22: 43-62.

[98] CORMIER D, GORDON I M, MAGNAN M. Corporate environmental disclosure: contrasting management' s perceptions with reality [J]. Journal of Business Ethics,2004,49(2): 143-165.

[99] CORNELL B, SHAPIRO A C. Corporate stakeholders and corporate finance [J]. Financial Management,1987,16(1): 5-14.

[100] COWEN S, FERRERI L B, PARKER L D. The impact of corporate characteristics on social responsibility disclosure: a typology and frequency-based analysis [J]. Accounting, Organizations and Society,1987,12(2): 111-122.

[101] CRAMPTON W, PATTEN D M. Social responsiveness, profitability and catastrophic events: evidence on the corporate philanthropic response to 9/11 [J]. Journal of Business Ethics,2008, 81: 863-873.

[102] DASGUPTA S, HETTIGE H, WHEELER D. What improves environmental compliance: evidence from Mexican industry [J]. Journal of Environmental Economics and Management,2000,39: 39-66.

[103] DASGUPTA S, LAPLANTE B, MAMINGI N. Capital market responses to environmental performance in developing countries [R]. Washington: World Bank Development Research Group,1997.

[104] DASGUPTA S, LAPLANTE B, MAMINGI N, et al. Inspections, pollution prices, and environmental performance:

evidence from China [J]. Ecological Economics,2001,36: 487-498.

[105]DASGUPTA S,WANG H,WHEELER D. Surviving success: policy reform and the future of industrial pollution in China [R]. Washington: World Bank Policy Research Department,1997.

[106] DEEGAN C, RANKIN M. Do Australian companies report environmental news objectively? An analysis of environmental disclosures by firms prosecuted successfully by the environmental protection authority [J]. Accounting, Auditing & Accountability Journal, 1996, 9 (2): 50-67.

[107] DEEGAN C, RANKIN M, VOGHT P. Firms' disclosure reactions to major social incidents: Australian evidence [J]. Accounting Forum,2000,24: 101-130.

[108] DENIZ-DENIZ M, GARCIA-FALCON J. Determinants of the multinationals' social response: empirical application to international companies operating in Spain [J]. Journal of Business Ethics,2002,38 (4): 339-370.

[109] DERWALL J, GUENSTER N, BAUER R, et al. The Eco-efficiency premium puzzle [J]. Financial Analysts Journal, 2005, 61 (2): 51-63.

[110]DHALIWAL D S,LI O Z,TSANG A H,et al. Voluntary non-financial disclosure and the cost of equity capital: the case of corporate social responsibility reporting [J]. The Accounting Review, 2011, 86 (1): 59-100.

[111] DIAMOND D, VERRECCHIA R. Disclosure, liquidity, and the cost of capital [J]. Journal of Finance,1991,46(4): 1325-1359.

[112] DOUGHERTY S M, MCGUCKIN R H. The effects of federalism on productivity in Chinese firms [J]. Management and Organization Review,2008,4(1): 39-61.

[113]DURNEV A,KIM E. To steal or not to steal: firm attributes, legal environment,and valuation [J]. The Journal of Finance,2005,60: 1461-1493.

[114] DYE R A. Disclosure of nonproprietary information [J]. Journal of Accounting Research,1985,23: 123-145.

[115] EPSTEIN E M. Business ethics, corporate good citizenship and the corporate social policy process: a view from the United States [J]. Journal of Business Ethics,1989,8: 583-595.

[116] FACCIO M. Politically connected firms [J]. American Economic Review,2006,96(1): 369-386.

[117]FACCIO M,LANG L H P. The ultimate ownership of Western European corporations [J]. Journal of Financial Economics, 2002, 65 (3): 365-395.

[118]FAMA E F,FRENCH K R. The cross-section of expected stock returns [J]. Journal of Finance,1992,47(2): 427-465.

[119]FAN J, WONG T J. Corporate ownership structure and the informativeness of accounting earnings in East Asia [J]. Journal of Accounting and Economics,2002,33: 401-425.

[120]FAN J,WONG T J,ZHANG T. Politically connected CEOs, corporate governance, and post-IPO performance of China's newly partially privatized firms [J]. Journal of Financial Economics,2007,84 (2): 330-357.

[121] Financial Accounting Standards Board. Accounting for contributions received and contributions made [S]. Norwalk, Conn: Financial Accounting Standards Board,1993.

[122]FIRTH M,LIN C,ZOU H. Friend or foe? The role of state and mutual fund ownership in the split share structure reform in China [J]. Journal of Financial and Quantitative Analysis, 2010, 45 (3):

685-706.

[123]FISHER-VANDEN K,THORBURN K S. Voluntary corporate environmental initiatives and shareholder wealth [J]. Journal of Environmental Economics and Management,2011,62: 430-445.

[124] FISMAN R. Estimating the value of political connections [J]. American Economic Review,2001,91(4): 1095-1102.

[125]FISMAN R,GEOFFREY H,VINAY N. A model of corporate philanthropy [R]. New York: Columbia University, Philadelphia: University of Pennsylvania,2006.

[126]FOMBRUN C,SHANLEY M. What's in a name? Reputation building and corporate strategy [J]. The Academy of Management Journal,1990,33(2): 233-258.

[127] FOSTER G. Financial statement analysis [M]. Reprint ed. Englewood Cliffs,NJ: Prentice Hall,1986.

[128]FOSTER G. Quarterly accounting data: time-series properties and predictive-ability results [J]. Accounting Review, 1977, 52 (1): 1-21.

[129] FREEMAN R E. Strategic management: a stakeholder approach [M]. Boston,MA: Pitman,1984.

[130] FRIEDMAN M. Capitalism and freedom [M]. Chicago: University of Chicago Press,1962.

[131] FRIEDMAN M. The social responsibility of business is to increase its profits[N]. The New York Times Magazine,1970-09-13.

[132]FRY L W, KEIM G, MEINERS R. Corporate contributions: altruistic or for-profit? [J]. The Academy of Management Journal,1982, 25(1): 94-106.

[133] GALASKIEWICZ J. An urban grants economy revisited: corporate charitable contributions in the twin cities,1997 - 81,1987 -

89 [J]. Administrative Science Quarterly,1997,42: 445-471.

[134] GAO Y. Corporate social performance in China: evidence from large companies [J]. Journal of Business Ethics, 2009, 89 (1): 23-35.

[135] GE L, THOMAS S. A cross-cultural comparison of the deliberative reasoning of Canadian and Chinese accounting students [J]. Journal of Business Ethics,2007,82(1): 189-211.

[136] GODFREY P . The relationship between corporate philanthropy and shareholder wealth: a risk management perspective [J]. The Academy of Management Review,2005,30(4): 777-798.

[137] GOW I D, ORMAZABA G O, TAYLOR D J. Correcting for cross-sectional and time-series dependence in accounting research [J]. The Accounting Review,2010,85(2): 483-512.

[138] GRAVES S B, WADDOCK S A. Institutional owners and corporate social performance [J]. The Academy of Management Journal, 1994,37(4): 1034-1046.

[139] GRAY R. The social accounting project and accounting organizations and society privileging engagement, imaginings, new accountings and pragmatism over critique? [J]. Accounting, Organizations and Society,2002,27(7): 687-708.

[140] GRAY W B, DEILY M E. Compliance and enforcement: air pollution regulation in the U. S. steel industry [J]. Journal of Environmental Economics and Management,1996,31: 96-111.

[141] GRAY R H, KOUHY R, LAVERS S. Corporate social and environmental reporting: a review of the literature and a longitudinal study of UK disclosure [J]. Accounting, Auditing and Accountability Journal,1995,8(2): 47-77.

[142] GREENING D, TURBAN D. Corporate social performance as

a competitive advantage in attracting quality workforce [J]. Business and Society,2000,39: 254–280.

[143]GRIFFIN J J,MAHON J F. The corporate social performance and corporate financial performance debate twenty-five years of incomparable research [J]. Business and Society,1997,36(1): 5–31.

[144]GUENSTER N,DERWALL J,BAUER R,et al. The economic value of corporate eco-efficiency [R]. Rotterdam,The Netherlands: RSM Erasmus University,2005.

[145]HACKSTON D,MILNE M J. Some determinants of social and environmental disclosures in New Zealand companies [J]. Accounting, Auditing and Accountability Journal,1996,9(1): 77–108.

[146]HAMILTON J T. Pollution as news: media and stock market reactions to the toxics release inventory data [J]. Journal of Environmental Economics and Management,1995,28: 98–113.

[147] HARBAUGH W. What do donations buy? A model of philanthropy based on prestige and warm glow [J]. Journal of Public Economics,1998,67(2): 269–284.

[148] HARRISON J S, FREEMAN R E. Stakeholders, social responsibility, and performance: empirical evidence and theoretical perspectives [J]. The Academy of Management Journal,1999,42(5): 479–485.

[149]HART S L. Beyond greening: strategies for sustainable world [J]. Harvard Business Review,1997,75(1): 66–77.

[150]HELLMAN J S,JONES G,KAUFMANN D. Seize the state, seize the day: state capture,corruption and influence in transition [R]. Washington: The World Bank,2000.

[151] HENRI J,JOURNEAULT M. Eco-control: the influence of management control systems on environmental and economic performance

[J]. Accounting, Organizations and Society, 2010, 35: 63-80.

[152] HUANG C L, KUNG F H. Drivers of environmental disclosure and stakeholder expectation: evidence from Taiwan [J]. Journal of Business Ethics, 2010, 96: 435-451.

[153] HUBBARD G. Capital-market imperfections and investment [J]. Journal of Economic Literature, 1998, 36(1): 193-225.

[154] HUGHES S B, ANDERSON A, GOLDEN S. Corporate environmental disclosures: are they useful in determining environmental performance? [J]. Journal of Accounting and Public Policy, 2001, 20: 217-240.

[155] IMBENS G, ANGRIST J. Identification and estimation of local average treatment effects [J]. Econometrica, 1994, 61 (2): 467-476.

[156] INNES R. A theory of consumer boycotts under asymmetric information and imperfect competition [J]. Economic Journal, 2006, 116 (511): 355-381.

[157] INNES R, SAM A. Voluntary pollution reductions and the enforcement of environmental law: an empirical study of the 33/50 program [J]. Journal of Law and Economics, 2008, 51(2): 271-296.

[158] INGRAM R W, FRAZIER K B. Narrative disclosures in annual reports [J]. Journal of Business Research, 1983, 11: 49-60.

[159] JAGGI B, FREEDMAN M. An examination of the impact of pollution performance on economic and market performance: pulp and paper firms [J]. Journal of Business Finance and Accounting, 1992, 19 (5): 697-713.

[160] JENKINS H, YAKOVLEVA N. Corporate social responsibility in the mining industry: exploring trends in social and environmental disclosure [J]. Journal of Cleaner Production, 2006, 14 (3-4):

271-284.

[161] JIAN M, WONG T. Propping through related party transactions [J]. Review of Accounting Studies, 2010, 15(1): 70-105.

[162] JIANG G, LEE C M C, YUE H. Tunneling through inter-corporate loans: the China experience [J]. Journal of Financial Economics, 2010, 96: 513-526.

[163] JIN H, QIAN Y, WEINGAST B R. Regional decentralization and fiscal incentives: federalism Chinese style [J]. Journal of Public Economics, 2005, 89: 1719-1742.

[164] JOHNSON O. Corporate philanthropy: an analysis of corporate contributions [J]. Journal of Business, 1966, 39 (4): 489-504.

[165] JOHNSON R A, GREENING D W. The effects of corporate governance and institutional ownership types on corporate social performance [J]. The Academy of Management Journal, 1999, 42(5): 564-576.

[166] JOHNSON S, MITTON T. Cronyism and capital controls: evidence from Malaysia [J]. Journal of Financial Economics, 2003, 67 (2): 351-382.

[167] JONES M T. The institutional determinants of social responsibility [J]. Journal of Business Ethics, 1999, 20(2): 163-179.

[168] KEIM G. Managerial behavior and the social responsibilities debate: goals versus constraints [J]. The Academy of Management Journal, 1978, 21(1): 57-68.

[169] KELLY G J. Australian social responsibility disclosure: some insights into contemporary measurement [J]. Accounting and Finance, 1981, 21(2): 97-104.

[170] KHANNA M, DAMON L A. EPA's voluntary 33/50

program: impact on toxic releases and economic performance of firms [J]. Journal of Environmental Economics and Management, 1999, 37: 1-25.

[171] KHANNA M, DELTAS G, HARRINGTON D. Adoption of pollution prevention techniques: the role of management systems and regulatory pressures [J]. Environmental and Resource Economics, 2009, 44(1): 85-106.

[172] KHWAJA A, MIAN A. Do lenders favor politically connected firms? Rent provision in an emerging financial market [J]. Quarterly Journal of Economics, 2005, 120(4): 1371-1411.

[173] KIM O, VERRECCHIA R. Market liquidity and volume around earnings announcements [J]. Journal of Accounting and Economics, 1994, 17(1-2): 41-67.

[174] KLASSEN R D, MCLAUGHLIN C P. The impact of environmental management on firm performance [J]. Management Science, 1996, 42(8): 1199-1214.

[175] KONAR S, COHEN M A. Does the market value environmental performance? [J]. Review of Economics and Statistics, 2001, 83(2): 281-289.

[176] KPMG. KPMG International survey of corporate responsibility reporting 2005 [M]. Amsterdam, the Netherlands: KPMG Global Sustainability Services, 2005.

[177] LAM K C, SHI G. Factors affecting ethical attitudes in Mainland China and Hong Kong [J]. Journal of Business Ethics, 2008, 77(4): 463-479.

[178] LANG L, OFEK E, STULZ R. Leverage, investment and firm growth [J]. Journal of Financial Economics, 1996, 40(1): 3-29.

[179] LAPLANT B, RILSTONE P. Environmental inspections and

emissions of the pulp and paper industry in Quebec [J]. Journal of Environmental Economics and Management,1996,31: 19-36.

[180]LEV B,PETROVITS C,RADHAKRISHNAN S. Is doing good good for you? How corporate charitable contributions enhance revenue growth [J]. Strategic Management Journal,2010,31(2): 182-200.

[181] LI H, MENG L, WANG Q, et al. Political connections, financing and firm performance: evidence from Chinese private firms [J]. Journal of Development Economics,2008,87(2): 283-299.

[182]LI H,ZHOU L. Political turnover and economic performance: the incentive role of personnel control in China [J]. Journal of Public Economics,2005,89: 1743-1762.

[183]LI W,ZHANG R. Corporate social responsibility, ownership structure, and political interference: evidence from China [J]. Journal of Business Ethics,2010,96: 631-645.

[184]LI Y, MCCONOMY B. An empirical examination of factors affecting the timing of environmental accounting standard adoption and the impact on corporate valuation [J]. Journal of Accounting, Auditing and Finance,1999,14(3): 279-313.

[185]LI Y, RICHARDSON G D and THORNTON D B. Corporate disclosure of environmental liability information: theory and evidence [J]. Contemporary Accounting Research,1997,14(3): 435-474.

[186]LINDBLOM C. The implications of organizational legitimacy for corporate social performance and disclosure[C]. New York: Paper presented at the Critical Perspectives on Accounting Conference,1994.

[187] LOBER D. Evaluating the environmental performance of corporations [J]. The Journal of Managerial Issues, 1996, 8 (2): 184-205.

[188]LOGSDON J M and WOOD D J. Business citizenship: from

domestic to global level of analysis [J]. Business Ethics Quarterly, 2002,12 (2): 155-187.

[189] LUO X and BHATTACHARYA C B. Corporate social responsibility, customer satisfaction, and market value [J]. Journal of Marketing,2006,70(4): 1-18.

[190] LYON T and MAXWELL J. Corporate social responsibility and the environment: a theoretical perspective [J]. Review of Environmental Economics and Policy,2008,2(2): 240-260.

[191] MACKEY A, MACKEY T B and BARNEY J B. Corporate social responsibility and firm performance: investor preferences and corporate strategies [J]. Academy of Management Review, 2007, 32 (3):817-835.

[192] MAXWELL J W, LYON T P and HACKETT S C. Self-regulation and social welfare: the political economy of corporate environmentalism [J]. Journal of Law and Economics, 2000, 43 (2): 583-618.

[193] MAGAT W A, VISCUSI W K. Effectiveness of the EPA'S regulatory enforcement: the case of industrial effluent standards [J]. Journal of Law and Economics,1990(33):331-360.

[194] MARGOLIS J and WALSH J. People and profits? The search for a link between a company's social and financial performance [M]. Mahwah, N. J. : Lawrence Erlbaum Associates,2001.

[195] MATTEN D, CRANE A. Corporate citizenship: towards an extended theoretical conceptualization [J]. Academy of Management Review,2005,30 (1): 166-179.

[196] MCGUIRE J B, ALISON S and SCHNEEWEIS T. Corporate social responsibility and firm financial performance [J]. The Academy of Management Journal,1988,31 (4):854-872.

[197]MCWILLIAMS A and SIEGEL D. Corporate social responsibility: a theory of the firm perspective [J]. The Academy of Management Review,2001,26(1): 117-127.

[198]MEGGINSON W L and NETTER J M. From state to market: a survey of empirical studies on privatization [J]. Journal of Economic Literature,2001,39(2),321-389.

[199] MITCHELL R K, AGLE B R and WOOD D J. Toward a theory of stakeholder identification and salience: defining the principle of who and what really count [J]. Academy of Management Review,1997, 22(4): 865-867.

[200] MOBUS J. Mandatory environmental disclosures in a legitimacy theory context [J]. Accounting, Auditing & Accountability Journal,2005,18(4):492-517.

[201]MORCK R, YEUNG B, YU W. The information content of stock markets: why do emerging markets have synchronous stock price movements? [J]. Journal of Financial Economics, 2000, 58 (1-2): 215-260.

[202]MOON J, CRANE A & MATTEN D. Can corporations be citizens? Corporate citizenship as a metaphor for business participation in society [J]. Business Ethics Quarterly,2005,15(3):429-453.

[203]MOSKOWITZ M. Socially irresponsible and illegal behavior and shareholder wealth [J]. Choosing Socially Responsible Stocks, 1972,1(3):71-75.

[204]MOUSSAVI F and EVANS D. An attributional approach to measuring corporate social performance [C]. San Diego: Academy of Management Meetings,1986.

[205]MULLER A and KOLK A. Extrinsic and intrinsic drivers of corporate social performance: evidence from foreign and domestic firms

in Mexico [J]. Journal of Management Studies, Forthcoming, 2009.

[206] MULLER A and WHITEMAN G. Exploring the geography of corporate philanthropic disaster response: a study of fortune global 500 firms [J]. Journal of Business Ethics, 2009, 84(4): 589-603.

[207] NADEAU L W. EPA effectiveness at reducing the duration of plant-level non-compliance [J]. Journal of Environmental Economics and Management, 1997(34): 54-78.

[208] NAVARRO P. Why do corporations give to charity? [J]. Journal of Business, 1988, 61(1): 65-93.

[209] NEIHEISEL S R. Corporate strategy and the politics of goodwill: a political analysis of corporate philanthropy in America [M]. 1st ed. New York: Peter Lang Publishing Inc., 1994.

[210] NEVILLE B A, BELL S J and MENG B. Corporate reputation, stakeholders and the social performance-financial performance relationship [J]. European Journal of Marketing, 2005, 39 (9/10): 1184-1198.

[211] ORLITZKY M. Does firm size confound the relationship between corporate social performance and firm financial performance? [J]. Journal of Business Ethics, 2001, 33(2): 167-180.

[212] ORLITZKY M, SCHMIDT F L & RYNES S. Corporate social and financial performance: a meta-analysis [J]. Organization Studies, 2003, 24(3), 403-411.

[213] PALMER K, OATES W E and PORTNEY P R. Tightening environmental standards: the benefit-cost or the no-cost paradigm? [J]. Journal of Economic Perspectives, 1995(9): 119-132.

[214] PATTEN D M. Exposure, legitimacy, and social disclosure [J]. Journal of Accounting and Public Policy, 1991(10): 297-308.

[215] PATTEN D M. Intra-industry environmental disclosures in

response to the Alaskan oil spill: a note on legitimacy theory [J]. Accounting, Organizations and Society, 1992(17): 471-475.

[216] PATTEN D M. The relation between environmental performance and environmental disclosure: a research note [J]. Accounting, Organizations and Society, 2002(27): 763-773.

[217] PATTEN D M. Does the market value corporate philanthropy? Evidence from the response to the 2004 Tsunami Relief Effort [J]. Journal of Business Ethics, 2008, 81(3): 599-607.

[218] PATTEN D M and TROMPETER G. Corporate responses to political costs: an examination of the relation between environmental disclosure and earnings management [J]. Journal of Accounting and Public Policy, 2003, 22(1): 83-94.

[219] PENMAN S H. Return to fundamentals [J]. Journal of Accounting, Auditing & Finance, 1992, 7(4): 465-483.

[220] PENMAN S H. The articulation of price-earnings ratios and market-to-book ratios and the evaluation of growth [J]. Journal of Accounting Research, 1996, 34(2): 235-259.

[221] PETERSEN M A. Estimating standard errors in finance panel data sets: comparing approaches [J]. Review of Financial Studies, 2009 (22): 435-480.

[222] PORTER M E and VAN DER LINDE C. Toward a new conception of the environment-competitiveness relationship [J]. Journal of Economic Perspectives, 1995, 9(4): 97-118.

[223] PRESTON L E. Corporation and society: the search for a paradigm [J]. Journal of Economic Literature, 1975, 13(2): 434-454.

[224] QIAN Y. The process of China's market transition (1978—1998): the evolutionary, historical, and comparative perspectives [J]. Journal of Institutional and Theoretical Economics, 2000, 156 (1):

151-171.

[225]RAMALHO R. The persistence of corruption: evidence from the 1992 presidential impeachment in Brazil[C]. Working Paper. World Bank,2007.

[226] RAMANATHAN K V. Toward a theory of corporate social accounting [J]. The Accounting Review,1976,51 (3): 516-528.

[227]REINHARDT F L. Bringing the environment down to earth [J]. Harvard Business Review,1999: 149-157.

[228]ROBERTS R W . Determinants of corporate social responsibility disclosure: an application of stakeholder theory [J]. Accounting,Organizations and Society,1992,17(6): 595-612.

[229]ROMAN R M,HAYIBOR S and AGLE B R. The relationship between social and financial performance repainting a portrait [J]. Business and Society,1999,38(1): 109-125.

[230]ROWLEY T and BERMAN S. A brand new brand of corporate social performance [J]. Business and Society,2000,39(4): 397-418.

[231] RUF B, MURALIDHAR K, BROWN R, JANNEY J and PAUL K. An empirical investigation of the relationship between change in corporate social performance and financial performance: a stakeholder theory perspective [J]. Journal of Business Ethics, 2001, 32 (2): 143-156.

[232]RUSSO M V and FOUTS P A. A resource-based perspective on corporate environmental performance and profitability [J]. Academy of Management Journal,1997,40(3):534-559.

[233] SANCHEZ C M. Motives for corporate philanthropy in El Salvador: altruism and political legitimacy [J]. Journal of Business Ethics,2000,27(4): 363-375.

[234] SCHNIETZ K E and EPSTEIN M J. Exploring the financial value of a reputation for corporate social responsibility during a crisis [J]. Corporate Reputation Review, 2005, 7(4): 327–345.

[235] SCHOLTENS B. A note on the interaction between corporate social responsibility and financial performance [J]. Ecological Economics, 2008, 68(1): 46–55.

[236] SCHWARTZ R. Corporate philanthropic contributions [J]. Journal of Finance, 1968, 23(3): 479–497.

[237] SEE G K H. Harmonious society and Chinese CSR: is there really a link? [J]. Journal of Business Ethics, 2009, 89(1): 1–22.

[238] SEIFERT B, MORRIS S A and BARTKUS B R. Comparing big givers and small givers: financial correlates of corporate philanthropy [J]. Journal of Business Ethics, 2003, 45(3): 195–211.

[239] SHARFMAN M. Changing institutional rules: the evolution of corporate philanthropy, 1983 – 1953 [J]. Business & Society, 1994, 33 (3): 236–269.

[240] SHLEIFER, ANDREI and VISHNY R W. Politian and firms [J]. Quarterly Journal of Economics, 1994(11): 995–1025.

[241] SHLEIFER A and VISHNY R W. A survey of corporate governance [J]. Journal of Finance, 1997, 52(2): 737–783.

[242] SIMPSON W G and KOHERS T. The link between corporate social and financial performance: evidence from the banking industry [J]. Journal of Business Ethics, 2002, 35(2): 97–109.

[243] SMITH C. The new corporate philanthropy [J]. Harvard Business Review, 1994, 72(3): 105–116.

[244] SOLOMAN R C and HANSON K. It makes good business sense [C]. London: Athenum, 1985.

[245] STANWICK P A and STANWICK S D. The relationship

between corporate social performance and organizational size, financial performance, and environmental performance: an empirical examination [J]. Journal of Business Ethics, 1998, 17(2): 195-204.

[246] STATE-OWNED ASSETS SUPERVISION AND ADMINISTRATION COMMISSION OF CHINA. On the adjustment of state-owned capital and corporate restructuring guidance [C]. 2006(97).

[247] SU J and HE J. Does giving lead to getting? Evidence from Chinese private enterprises [J]. Journal of Business Ethics, 2010, 93 (1): 73-90.

[248] SUN Q and TONG W H S. China share issue privatization: the extent of its success [J]. Journal of Financial Economics, 2003, 70 (2): 183-222.

[249] TEOH H Y and THONG G. Another look at corporate social responsibility and reporting: an empirical study in a developing country [J]. Accounting, Organizations and Society, 1984, 9 (2): 189-206.

[250] TIAN L and ESTRIN S. Retained state shareholding in Chinese PLCs: does government ownership always reduce corporate value? [J]. Journal of Comparative Economics, 2008, 36(1): 74-89.

[251] TOBIN J. A general equilibrium approach to monetary theory [J]. Journal of Money, Credit and Banking, 1969, 1(1): 15-29.

[252] TROTMAN K and BRADLEY G W. Associations between social responsibility disclosure and characteristics of companies [J]. Accounting, Organizations and Society, 1981, 6(4): 355-362.

[253] TURBAN D B and GREENING D W. Corporate social performance and organizational attractiveness to prospective employees [J]. The Academy of Management Journal, 1997, 40(3): 658-672.

[254] ULLMANN A. Data in search of a theory a critical

examination of the relationship among social performance, social disclosure, and economic performance [J]. Academy of Management Review,1985,10(3):540-577.

[255] VALOR C. Corporate social responsibility and corporate citizenship: towards corporate accountability [J]. Business and Society Review,2005,110 (2):191-212.

[256] VANCE S G. Are socially responsible corporations good investment risks? [J]. Management Review,1975,64 (8):18.

[257] VERRECCHIA R. Discretionary disclosure [J]. Journal of Accounting and Economics,1983(5):179-194.

[258] VERSCHOOR C C. A study of the link between a corporation's financial performance and its commitment to ethics [J]. Journal of Business Ethics,1998,17 (13):1509-1516.

[259] WADDOCK S A and GRAVES S B. The corporate social performance-financial performance Link [J]. Strategic Management Journal,1997,18(4): 303-319.

[260] WADDOCK S. Parallel universes: companies, academics and the progress of corporate citizenship [J]. Business and Society Review, 2004,109(1): 5-42.

[261] WALLEY N and WHITEHEAD B. It's not easy being green [J]. Harvard Business Review,1994,72(3): 46-52.

[262] WANG J and COFFEY B S. Board composition and corporate philanthropy [J]. Journal of Business Ethics,1992,11(10):771-778.

[263] WANG H, CHOI J and LI J. Too little or too much? Untangling the relationship between corporate philanthropy and firm financial performance [J]. Organizational Science, 2008, 19 (1): 142-159.

[264] WEI Z, XIE F and ZHANG S. Ownership structure and firm

value in China's Privatized Firms [J]. Journal of Financial Quantitative Analysis,2005,40(1):87-108.

[265]WERBEL J D and CARTER S M. The CEOs' influence on corporate foundation giving [J]. Journal of Business Ethics,2002(40): 47-60.

[266]WHITCOMB L L,ERDENER C B and LI C. Business ethical values in China and the U. S. [J]. Journal of Business Ethics,1998,17 (8):839-852.

[267] WILLIAMS R and BARRET J D. Corporate philanthropy, criminal activity and firm reputation: is there a link? [J]. Journal of Business Ethics,2000(26): 341-350.

[268] Wood D J. Corporate social performance revisited [J]. Academy of Management Review,1991,16 (4): 691-718.

[269] Wood D J and Jones R E. Stakeholder mismatching: a theoretical problem in empirical research on corporate social performance [J]. International Journal of Organizational Analysis, 1995, 3 (3): 229-267.

[270] WU W, WU C, ZHOU C, WU J. Political connections, tax benefits and firm performance: evidence from China [J]. Journal of Accounting and Public Policy,2012(31):277-300.

[271]ZHANG R and REZAEE Z. Do credible firms perform better in emerging markets? Evidence from China [J]. Journal of Business Ethics,2009,90(2):221-237.

[272]ZHANG R, REZAEE Z and Zhu J. Corporate philanthropic disaster response and ownership type: evidence from Chinese firms' response to the Sichuan earthquake [J]. Journal of Business Ethics, 2009,91(1):51-63.

[273] ZHANG R, ZHU J, YUE H and ZHU C. Corporate

philanthropic giving, advertising intensity, and industry competition level [J]. Journal of Business Ethics, 2010(94):39-52.

[274] ZENG S X, XU X D, YIN H T and TAM C M. Factors that drive Chinese listed companies in voluntary disclosure of environmental information [J]. Journal of Business Ethics, Forthcoming, 2012.

[275] ZIEGLER A, SCHRODER M and RENNINGS K. The effect of environmental and social performance on the stock performance of european corporations [J]. Environmental and Resource Economics, 2007(37): 661-680.

[276] ZU L and SONG L, Determinants of managerial values on corporate social responsibility: evidence from China [J]. Journal of Business Ethics, 2009(88): 105-117.

索引

Y

Z

后记

如同本书正文所提到的，企业社会责任在会计与公司财务研究中并不是很主流的研究领域，而我博士阶段的研究领域主要是在会计信息与公司治理方面，本来是完全不了解这一领域的研究。开始进行企业社会责任方面的研究源于2009年我与北京大学光华管理学院张然副教授初识后在飞机上的一次闲谈，算是机缘巧合。张然副教授是国内研究企业社会责任的知名青年学者，那次闲聊中她给我提供了关于我国企业社会责任研究的许多想法和思路，让我真切地感受到我国企业社会责任这一领域的巨大研究潜力，也促使自己进入这个在我国正在兴起的研究领域。很凑巧的是，暨南大学会计学系在企业社会责任方面具有较强的研究实力，在国内较早开展了相关方面的研究，宋献中教授、沈洪涛教授均是这一领域的知名学者，共完成和主持了四项国家自然科学基金面上项目，形成了有力的研究团队和良好的学术氛围，也为我在该领域的研究提供了有力的支持。

在对我国企业社会责任进行研究的过程中，我有幸和众多国际国内知名学者进行合作，也正是因为与他们的合作，我在这个方面才取得了一些成绩。例如，与张然副教授合作的文章发表在国际顶级商业伦理期刊 Journal of Business Ethics 上，与中山大学管理学院路晓燕副教授、东北财经大学会计学院常丽副教授合作的文章发表在国际学术期刊 Business Strategy and Environment 上，与多伦多大学罗曼商学院李跃副教授、复旦大学管理学院方军雄副教授合作的文章被美国会计学会年会、加拿大学术会计协会年会接受做分组报告。此外也有相关领域研究文章发表在国内学术期刊《会计研究》、《财政研究》上，并且还形成了几篇工作论文。可以说，企业社会责任已经成为我个人重点关注的研究领域之一。

虽然取得了一些研究进展，但是越投入研究，越感觉这一领域仍然还存在很多问题值得我们去探讨，实践中我国企业是如何进行社会责任决策的，这种决策机制是否随着时间而改变等问题我们仍不清楚。目前研究企业社会责任的主流方法主要是以档案数据为主的实证研究方法（Archival Research），这也正是本书所运用的研究方法。实证研究方法的优势在于能够大样本考察研究问题，能够在整体上分析社会责任的影响因素、经济后果和内在机制。但实证研究方法的结论准确性依赖于是否能够找到准确描述企业社会责任的指标，以及数据是否具有可获得性。但实际上，在企业社会责任研究中所面临的最大问题就是如何更为准确地衡量企业社会责任水平、投资和信息披露。除了少部分维度，例如公司慈善捐赠可以精确地予以衡量，企业社会责任的其他维度缺乏客观的指标与数据，大部分都是采用评分法来构建指标。而评分法最重要的缺陷在于过于主观，并且不同研究之间缺乏可比性，从而导致研究结论千差万别，甚至是相互矛盾的结论，无法取得一致的经验证据和理论解释。基于此，单纯运用实证研究方法，无法非常深入地分析我国企业社会责任的作用机理、机制，也无法更好地理解企业社会责任实践。我个人认为，要把研究做得更为深入细致，得到更准确的结论，更好的研究方法是实地研究法（Field Study）和问卷调查法（Questionare Study）。这两种方法使学者更能深入到企业实践中，所获得的材料和数据也更为客观真实，当然可能的问题在于要耗费更多的时间和精力才能完成一项研究。但无论如何，随着我国学术界国际化趋势越来越明显，对研究的要求也越来越高，更为严谨的研究设计和令人信服的研究结论，都使得未来对企业社会责任的研究更为倚重实地研究法和问卷调查法这两种研究方法。

本书是我对自己过去几年在企业社会责任领域研究工作的一个总结，希望能够为我国这一领域的研究提供一个新的研究视角，并且增进人们对于我国企业社会实践的理解。至于目标能否达到，有待同行专家和广大读者批评指正。本书的完稿并不意味着我对该领域已经研究得很透彻，恰恰相反，现在才是开始对企业社会责任进行深入研究的良好时机，也期待更多的学者投身于这一领域的研究中。

我是个幸运的人，在过去十年的学术研究生涯中，得到了很多师长、前辈、同行真心的爱护和帮助，在此深表谢意！

黎文靖

2013 年春于暨南园